Los hábitos cotidianos de las personas que triunfan

Los hábitos cotidianos de las personas que triunfan

¿Eres búho, alondra o colibrí?

Begoña del Pueyo

conecta

Los libros de Conecta están disponibles para promociones y compras
por parte de empresas, en condiciones especiales para grandes cantidades.
Existe también la posibilidad de crear ediciones especiales, incluidas ediciones con
cubierta personalizada y logotipos corporativos para determinadas ocasiones.

Para más información, póngase en contacto con:
edicionesespeciales@penguinrandomhouse.com

Primera edición: octubre de 2019

© 2019, Begoña del Pueyo
© 2019, Penguin Random House Grupo Editorial, S. A. U.
Travessera de Gràcia, 47-49. 08021 Barcelona
© 2019, Nathalie Picquot, por el prólogo

Penguin Random House Grupo Editorial apoya la protección del *copyright*.
El *copyright* estimula la creatividad, defiende la diversidad en el ámbito de las ideas y el conocimiento,
promueve la libre expresión y favorece una cultura viva. Gracias por comprar una edición autorizada
de este libro y por respetar las leyes del *copyright* al no reproducir, escanear ni distribuir ninguna
parte de esta obra por ningún medio sin permiso. Al hacerlo está respaldando a los autores
y permitiendo que PRHGE continúe publicando libros para todos los lectores.
Diríjase a CEDRO (Centro Español de Derechos Reprográficos, http://www.cedro.org)
si necesita fotocopiar o escanear algún fragmento de esta obra.

Printed in Spain – Impreso en España

ISBN: 978-84-16883-67-7
Depósito legal: B-17.483-2019

Compuesto en M. I. Maquetación, S. L.

Impreso en Romanyà Valls, S. A.
Capellades (Barcelona)

CN 83677

Penguin
Random House
Grupo Editorial

Índice

Prólogo 9
Introducción: Si nos levantamos muy temprano .. 15

1. El éxito y los triunfadores con el síndrome
   del impostor 19
2. ¿Eres búho, alondra o colibrí? 28
3. Dormir cuando no hay tiempo 38
4. Conciliar sin renunciar al bienestar 50
5. Formadores de emprendedores 61
6. Los líderes del futuro ya están aquí 84
7. Empresarios. Un mundo poliédrico 96
8. Profesionales emergentes 112
9. Campeones en el deporte:
   ¿Imposible sin sacrificio? 121
10. Academia de *Operación Triunfo*:
    Nido de cantantes 133
11. Audiovisual: Un mundo de artistas
    con disciplina 144

12. Cuando no tienes jefe 154
13. Cómo decir «no» con gracia 172
14. ¿Se puede procrastinar y triunfar? 179
15. Decálogo de buenas prácticas 189

Agradecimientos 193
Bibliografía 195

Prólogo

Si hubiera una rutina infalible para triunfar en la vida a todos los niveles, los seres humanos nos levantaríamos a la misma hora, tendríamos los mismos horarios y realizaríamos las mismas actividades para relajarnos o para activarnos. Si cada uno tiene su rutina es porque hay un factor cambiante en esto de los hábitos: es la propia persona. Por eso no puede funcionar lo mismo para todos. Y por eso me ha gustado mucho que Begoña del Pueyo no haya intentado buscar fórmulas mágicas, sino que haya realizado en este libro una prudente exposición de opciones para que cada cual elija las que más se adecuan a sus objetivos y a las necesidades de su cuerpo y de su mente.

El punto de partida de la obra me hizo reflexionar: en la prensa internacional está de moda hablar de los hábitos cotidianos de las personas relevantes, pero eso es algo que no estaba popularizado en España hasta hace muy poco. Al fin y al cabo, lo que alguien hiciera en su tiempo libre o cómo se organizara pertenecía al terreno personal. ¿A quién le importaba? Lo que el público quería conocer era lo relacionado con su negocio.

Eso ha cambiado. Ahora conocemos la importancia de las habilidades blandas y sabemos también, por suerte, que la gente produce más cuando es más feliz. Por eso es tan relevante lo que hagan más allá de su trabajo los profesionales que admiramos.

Antes de empezar a analizar a personas que triunfan, la autora lanza una reflexión necesaria sobre una de las características del éxito: su relatividad. El motivo por el que, en un podio, el tercero suele estar más contento que el segundo; y la razón por la que nadie puede considerarse exitoso si lo conseguido no era lo que buscaba o lo que deseaba.

Siempre he creído que las personas con éxito tenían vectores comunes como la pasión, la creatividad, el esfuerzo, el aprendizaje o el interés por la formación continua. Pero ¿comparten también hábitos cotidianos?

El subtítulo del libro, *¿Eres búho, alondra o colibrí?*, se refiere a una clasificación de las personas según sus horarios preferidos para producir y descansar. Yo soy un poco alondra: me levanto a las seis de la mañana, porque solo así tengo tiempo para todo lo que quiero llevar a cabo en cada jornada. Me gustaría dormir más tiempo, porque los beneficios del sueño están científicamente comprobados, a pesar de que muchos líderes mundiales (Merkel, Trump, Theresa May) presumen de no dormir más de cuatro horas.

Después del tema del descanso, la autora repasa otros hábitos cotidianos (el modo de despertar, las alertas de los teléfonos móviles…) acompañando cada una de estas acciones con ejemplos y declaraciones de personas de los ámbitos más diversos. A menudo es necesario ver lo que hacen otros para comprobar si lo que nosotros consideramos «normal» lo es en efecto, o sencillamente para inspirarnos.

Intentaré describir lo que ha pasado por mi cabeza al leer las minuciosas entrevistas de la autora a científicos, economistas, filántropos, diseñadores, empresarios, cocineros, youtubers, deportistas, artistas y otros perfiles de gran interés a propósito de sus hábitos. Me ha llevado a darme cuenta de que hay rasgos comunes en los hábitos de la gente de éxito, claro que sí. De que leer las recomendaciones de los demás puede ayudar a alguien a definir las suyas. Y de que, por muy diferentes que sean las costumbres de unos y otros, hay una esencia que permanece: la de tener la sensación, al final del día, de que has hecho exactamente lo que querías hacer.

El libro también aborda otras cuestiones relacionadas de forma más directa con la actividad laboral, como la procastinación, la organización o el empoderamiento de los empleados.

En España tenemos una deuda pendiente con la conciliación. Nuestro horario partido no existe en ningún otro país, y las políticas contra el presentismo que vemos en las empresas más punteras deberían darse con mayor frecuencia.

Yo trabajo con una gran energía e intensidad durante mi jornada laboral porque, cuando la doy por terminada, elijo desconectar y dedicarme a lo que más me apetezca, como estar con mis hijos o hacer deporte. Todos tenemos una larga lista de cosas que nos gustaría hacer, y en demasiadas ocasiones no nos da tiempo a completarla, pero la clave del éxito, a mi juicio, está en priorizar, en destacar de esa lista aquellas tareas que son realmente importantes para ti y no dejar que las urgentes les quiten terreno.

Debemos hacer uso de la flexibilidad que a cada uno le corresponde en su trabajo y no tener miedo a perder competitividad. «La excelencia y el estrés no tienen por qué ir de la mano», recuerda la autora (y yo lo suscribo). Además, mi mantra es *lead by example* («predica con el ejemplo»), y creo que mis empleados reciben un mensaje muy sano de esos hábitos de conciliación.

Trabajamos a una velocidad acelerada, con un exceso de estímulos entre e-mails, mensajes de WhatsApp, notificaciones y DMs por Twitter o LinkedIn, en mi caso, cuatro niños... Para organizarnos frente a esa vorágine, mi consejo es que nos marquemos pequeños retos. Te recomiendo apuntar qué tienes que hacer mañana pase lo que pase, cuál va a ser tu prioridad. Las personas de éxito son las que afrontan esos desafíos cotidianos, máxime si uno de ellos les da miedo o vértigo porque es algo que no han hecho antes. Si cumples esa lista de retos, se convertirá en un motivo de satisfacción: esa jornada serás una persona de éxito.

Si algo he aprendido de este libro es que la gestión eficaz del tiempo es imprescindible para que las personas triunfen. En mi trabajo, me reúno los viernes con el equipo de *management* para valorar la semana. Así, ellos pueden priorizar después las tareas con sus respectivos equipos en las reuniones de inicio de semana. Esa rutina semanal nos pone a punto y nos ayuda a remar en la misma dirección.

Además, comulgo con el proverbio «si quieres que algo se haga, pídeselo a una persona ocupada». Yo creo que las personas ocupadas no tienen más remedio que organizarse y son mucho más eficientes.

¿Sabes por qué es importante encontrar tiempo para practicar deporte, para meditar o para visitar a tu familia? Porque nadie te lo exige. En una cultura regida por el retorno inmediato, esas acciones «optativas» siempre van a quedar desbancadas por otras más urgentes, más automáticas o más sencillas de llevar a cabo. Aquellas que otros te reclaman también saltan a las primeras posiciones: hay una fecha de entrega, un «monstruo del pánico» como decía Tim Urban, que te empuja a ejecutarlas. Pero son las otras, las que no son obligatorias, las que te van a hacer ganar calidad de vida. Por eso siempre que puedo intento montar en bici, jugar al tenis o al golf, ir a esquiar: porque nadie me lo exige y porque es lo que quiero y necesito hacer. Cuando bajo una montaña esquiando realmente me olvido de todo lo demás y me centro en la naturaleza. Es bueno para mi mente y para mi cuerpo.

¿Qué es bueno para ti, qué necesitas para tener éxito? Puede que ya lo sepas o puede que este libro te ayude a descubrirlo.

NATHALIE PICQUOT
Directora General de Twitter España

Introducción
Si nos levantamos muy temprano...

«Si hoy fuera el último día de mi vida, ¿querría hacer lo que voy a hacer?» Casi por casualidad me topé con esta cita de Steve Jobs, una de tantas reflexiones de un hombre que demostró con creces que cuando no le gustaba lo que tenía, lo cambiaba. La encontré en uno de esos artículos que cada dos por tres publica la prensa estadounidense sobre los hábitos y las rutinas de las personas exitosas.

Me asaltó la curiosidad: los anglosajones pregonan a los cuatro vientos cómo consiguen llegar a la cima; en cambio, en nuestra cultura no parece que nos complazca presumir de esos hábitos, manías o rutinas que hacen tan especial a quienes tomamos como referentes de éxito.

¿Qué sabemos, por ejemplo, de las costumbres de hombres tan decisivos para la economía de este país como los fundadores de Zara o Mercadona, Amancio Ortega o Juan Roig? Pocas veces hemos visto en reportajes la rutina cotidiana de mujeres tan influyentes como Ana Patricia Botín, presidenta del Banco Santander, o la científica María Blasco, directora del Centro Nacional de Investigaciones Oncológicas (CNIO), en cuyas manos está la investigación puntera sobre el cáncer.

Ni siquiera los artistas nos explican las pequeñas costumbres de su vida cotidiana que mejoran su rendimiento. Quise hacer la prueba con un admirado cantautor con quien tengo una fluida relación de cariño y me respondió, rotundo: «¿A quién c... le importa lo que hago yo cuando me levanto?». Eso me incentivó aún más para continuar investigando por qué somos tan reticentes a presumir de madrugadores o de voluntariosos.

Y el resultado de ese reto es este libro, en el que he contrastado con profesionales de nuestra sociedad qué hay de palabrería y qué otros consejos pueden sernos útiles de todos los que proliferan en artículos y libros de autoayuda que los estadounidenses trufan con ejemplos de sus héroes patrios.

Me llamó la atención que, en algunas escuelas de negocios de nuestro país, entre los materiales que ofrecen a jóvenes emprendedores, les hablen de las costumbres de Richard Branson, el fundador de Virgin, que se levanta a las cinco de la mañana para dedicar tiempo a su familia antes de comenzar a trabajar. También les cuentan que Jeff Bezos, el artífice de Amazon, no se salta sus ocho horas de sueño, pase lo que pase, y que cada mañana da prioridad a los asuntos personales antes de ocuparse de los negocios. De Arianna Huffington, la magnate de la comunicación, se sabe que cuando se levanta practica media hora de meditación y que ha hecho de su mantra «Desconecta, recarga y duerme» su receta mágica. Jack Dorsey, fundador de Twitter, practica yoga y ha institucionalizado los viernes por la tarde el «Twitter Tea Time», una junta informal en la que cualquier empleado puede preguntar. Su máxima es toda una declaración de principios: «El que esté en Twitter por dinero, y no porque quiera hacerlo mejor, no tiene cabida en el 1355 de la calle Market». El inversor Warren Buffett no se levanta de la cama sin una buena dosis de lectura. Y de los nuestros, ni rastro...

Sabemos que los españoles somos diferentes. Por mucho que nos taladren con la conciliación de horarios, un estudio realizado a nivel europeo revela que, de los 27 países de la Unión Europea, nuestros horarios son los más singulares y que todavía está mal visto marcharse antes que el jefe. Significativo es que ni siquiera la todopoderosa industria audiovisual se haya atrevido a alterar los horarios del *prime time* televisivo, inexplicables para nuestros países vecinos, y más teniendo en cuenta que ya se pueden ver los programas a la carta.

El entrenador Pep Guardiola fue muy aplaudido cuando retó a todos los que alababan sus valores y su defensa de la cultura del esfuerzo con la famosa frase: «Si nos levantamos temprano y trabajamos, somos un país imparable». Lo que no está tan claro es que los más reticentes al madrugón, a pesar de aplaudirle, siguieran su ejemplo.

Deportistas, coaches, psicólogos y otros profesionales de referencia también nos animan a comenzar la jornada temprano, como podrás comprobar en diferentes capítulos de este libro. Desde luego, es incontestable que nuestras primeras acciones del día afectan al resto de la jornada. En eso sí que han coincidido los personajes a los que hemos consultado y han accedido a contarnos sus trucos y rutinas. Pero ¿qué pasa con aquellos otros que detestan el madrugón, disfrutan de la noche y, pese a no seguir la pauta de los expertos, son personas de éxito? También los hay, y han compartido con nosotros esos hábitos singulares.

La Sociedad Española del Sueño dice que sólo un 10 % de los españoles cree que tiene facilidad para levantarse temprano. Pero también explica que la eficacia del reloj biológico aumenta con la rutina.

La realidad es que no existen fórmulas mágicas para convertirse en una persona de éxito. Tan contraproducente resulta el fanatismo de los vigoréxicos que se levantan al amanecer para practicar deporte como la tendencia a procrastinar.

Este libro contiene argumentos para reforzar hábitos de tendencia positiva, para que tomes tus propias decisiones. Al final, si compensa o no cambiar de rutinas es algo que sólo le compete a uno. Eso sí, decidas lo que decidas, hazlo sin mala conciencia, o como diría el maestro Yoda de *Star Wars*: «Hazlo o no lo hagas, pero no lo intentes».

1
El éxito y los triunfadores con el síndrome del impostor

> El secreto del éxito se encuentra en la sinceridad y la honestidad. Si eres capaz de simular eso, lo tienes ganado.
>
> Groucho Marx

Un éxito subjetivo y relativo, así suelen describirlo las personas a las que tenemos como referentes, generalmente por su profesión. El éxito se asocia a victoria, a grandes méritos. En ese sentido, uno de los hombres a los que se podría calificar de «exitoso», el inversor estadounidense Ray Dalio, equivalente de Steve Jobs en el mundo de los negocios, asegura que para valorar si te has convertido en una persona de éxito tienes que pensar en cuál es tu prioridad: «Si quieres disfrutar de la vida o cambiar el mundo, dejar huella».

El psiquiatra Luis Rojas Marcos, que fue jefe de Salud Mental de Nueva York, a propósito de la relatividad del éxito habla de una experiencia que se estudió entre deportistas olímpicos. En el podio, el primer y el tercer clasificado lo celebran con gran satisfacción, mientras que quien se alza con la medalla de plata vive con un regusto ambivalente una victoria que se le ha escapado de las manos. Quien consigue el bronce lo que valora es lo poco que le ha faltado para quedar fuera del podio de los elegidos.

Gane o pierda un torneo, Rafa Nadal es esa persona que permanece en el imaginario popular como el culmen del éxito. José Miguel Gil, psicólogo y presidente de la Asociación Española de Coaching (ASESCO), confiesa que utiliza al tenista como ejemplo para recomendar valores a las personas que acuden a su despacho. La profesionalidad y, sobre todo, la humildad con la que asume los éxitos y las derrotas son un modelo a seguir, en su opinión. Y para referirse a un liderazgo más controvertido, por no salir del mundo del deporte, menciona al entrenador de fútbol Julen Lopetegui. ¿Se puede hablar del éxito y el fracaso de una persona que triunfó al frente de la Selección Nacional y que fue despedido a los pocos meses de ejercer como entrenador del Real Madrid?

Aplicado al mundo de la empresa, ése es el día a día de José Miguel Gil en su despacho. Cuenta que le llegan clientes que lo tienen todo: un negocio, una familia, dinero..., pero no viven la satisfacción del éxito: «En ese caso sólo cabe reevaluar quién eres tú, reprogramar el disco duro de la conciencia, y para eso necesitas a alguien que te ayude a tener perspectiva». En realidad, ésa la esencia del coaching, mostrar al consultante que no tiene que parecer lo que no es.

Muy crítico con las fórmulas mágicas que ofrece la autoayuda, el presidente de ASESCO reflexiona sobre esta sociedad del microondas en la que todo se puede cocinar en minutos. Para José Miguel Gil, manuales como *El Club de las 5 de la mañana* son un espejismo porque cada persona tiene unos biorritmos, y eso conlleva una serie de condicionantes para quienes se empeñan en madrugar y seguir los pasos de las personas de éxito; es decir, que para algunos no es tan operativo iniciar su jornada tan temprano.

Por otra parte, Albert Einstein contradice a quienes aseguran que «querer es poder»: «Todo el mundo es un genio. Pero si juzgas a un pez por su habilidad para escalar un árbol, pasará su vida entera creyendo que es un necio», dice el científico. Aunque tampoco está de más recordar una cita de esa sabia mujer que fue Eleanor Roosevelt: «Si crees que puedes, ya estás a medio camino».

Otro de los falsos mitos sobre los que nos advierte el presidente de ASESCO es a propósito de cómo incorporar hábitos en la vida de quienes quieren experimentar un cambio: «Es mentira que en veintiún días se pueda conseguir. La perseverancia, y en eso hay consenso, es otra de las virtudes de las personas de éxito».

Y, por último, cabe señalar uno de los efectos colaterales de ser una persona reconocida por todo el mundo. Para algunas personas de éxito, la popularidad actúa como una bomba de espoleta retardada: se reconoce su valía personal y esto alimenta su ego, pero les resta calidad de vida al no poder vivir en la intimidad cuando desearían ser ciudadanos anónimos. Si compensa, sólo ellos pueden valorarlo.

La cara B del éxito

No está diagnosticado como una patología, pero el «síndrome del impostor» es un trastorno que, de un modo u otro, casi todos hemos padecido alguna vez, explica José Miguel Gil; al menos un 70 % de la población, según la Sociedad Española de Coaching.

El concepto de «síndrome del impostor» lo acuñaron en 1978 las psicólogas norteamericanas Pauline Clance y Suzanne Imes, definiéndolo como la «incapacidad para aceptar los logros y el éxito como un mérito propio». Quizá algunas personas que lo sentían pero que no eran conscientes de su importancia lo identificaron cuando en diciembre de 2018 Michelle Obama, ante un auditorio de adolescentes de un barrio desfavorecido de Londres, admitió que lo padecía.

Si lo dice la que fue primera dama de Estados Unidos durante dos mandatos, a la que se disputan todos los foros, nacida en un barrio marginal de Chicago y estudiante brillante de Derecho en las universidades de Princeton y Harvard, pudiera no parecer verosímil. Pero si el primer hombre que pisó la Luna, Neil Armstrong, dice algo similar, igual ya no resulta tan difícil de aceptar. La inseguridad es algo muy humano.

Lo ideal, explican los expertos, sería que personas de éxito de nuestro ámbito dieran un paso adelante para relativizar la importancia de los logros y los fracasos, como hizo Michelle Obama. Pero en nuestro país el fracaso todavía es un tabú y los altos ejecutivos prefieren hablar de «aprendizaje» en lugar de «errores», e incluso a los niños les enseñamos a decir «he aprobado» y «me han suspendido», por lo que todavía tenemos mucho camino por recorrer.

Pero siempre nos quedan los referentes que nos brinda el mundo anglosajón, como Howard Schultz, el CEO de Starbucks. En unas declaraciones a *The New York Times* admitió sentirse un impostor, y también reconoció que muchos de sus problemas de autoestima provenían de lo que le costaba asumir que un porcentaje de los trabajadores de su compañía, hiciera lo que hiciese, nunca le considerarían apto para el cargo.

Michelle Obama, en la citada conferencia de 2018, ofreció su propia receta para combatir los pensamientos tóxicos: «He estado en las mesas y los comités más poderosos que podáis imaginar. También en ONG, fundaciones, multinacionales y cumbres del G-20. Tengo un asiento en la ONU, y os aseguro que nadie es tan brillante como aparenta».

Más frecuente entre las mujeres, por motivos educativos y culturales, la fórmula para superar el «síndrome de la impostora» no parece especialmente complicada.

Ante todo, hay que controlar el nivel de autoexigencia. El mayor error que cometen muchas personas que consideran que no merecen ocupar un puesto mejor es intentar compensar ese déficit. Se sienten en la obligación de demostrar que están a la altura, aceptan más proyectos y eso puede llegar a quemarlas, y comienzan a ser realmente incompetentes en una especie de «autoprofecía cumplida».

La directora operativa de Facebook, Sheryl Sandberg, reconoció esa sensación de impostora en su libro *Vayamos adelante* (*Lean In*). Si crees que padeces el síndrome el impostor, algunas de sus recetas pueden resultarte útiles:

- Abraza tus miedos. Si temes no estar capacitado para el encargo, eso no significa que no puedas realizarlo o no estés preparado.
- Haz una lista con los logros de los que puedes enorgullecerte.
- Ante un elogio, no digas nada; acéptalo con una sonrisa.
- Cuando te enfrentas a una reunión o una presentación no deberías preguntarte por qué te lo han encargado a ti, sino decirte: «Me lo he preparado, sé lo que digo y seguro que algo aportaré».

Pero por encima de todas las cosas sigue el consejo de Valerie Young, autora de *The secret thoughts of successful women* (Los pensamientos secretos de las mujeres exitosas): «Para dejar de ser un impostor debes dejar de pensar como tal».

Meditar para conocerte mejor

El actor Richard Gere, la multifacética Oprah Winfrey, los cantantes Paul McCartney y Sting, la actriz Angelina Jolie, el golfista Tiger Woods, los jugadores de baloncesto Pau Gasol y LeBron James o el fundador de Twitter, Jack Dorsey, han confesado que practican la meditación por higiene mental.

En mi caso, que lo desconocía casi todo sobre la meditación, creo que es beneficiosa para liberar el estrés y encontrar la calma. Y una cosa que he aprendido es que la introspección ayuda a mejorar como persona y a tomar decisiones favorables para uno mismo y para los demás. Una conversación casual en una reunión de trabajo me permitió considerar sus virtudes para aquellos que lideran proyectos.

A Alfonso Schwartz, ejecutivo de la comunicación, le preocupa que confundamos la meditación con ponerse delante de un cielo azul y recitar «ooommm», o que pensemos que meditar consiste en dejar la mente en blanco. «Al contrario, se trata de estar presente con los cinco sentidos», recalca.

Tras más de dos décadas estudiando y practicando meditación, Schwartz ha comprobado que las denominadas «ciencias contemplativas», que ya practicaban Buda o Sócrates entre otros referentes de la Antigüedad, «pueden aportarnos experiencias que nos acercan a una comprensión más acertada de la realidad que nos rodea y de nuestra mente».

Según indica Alan Wallace en su libro *Mente en equilibrio*, «desde épocas muy antiguas, y en distintas partes de la Tierra, los meditadores pertenecientes a diferentes comunidades contemplativas han explorado sistemáticamente la realidad interior, así como la relación entre ésta y los fenómenos externos, y por supuesto también descubrieron que la meditación es útil para encontrar calma y seguridad en la vida, y que tiene efectos benéficos sobre la salud mental y fisiológica».

Schwartz descubrió la meditación hace más de veinte años, en un momento en que el estrés no le permitía disfrutar de sus éxitos profesionales. Era director de negocio de una multinacional de prensa y su cuenta de resultados era inversamente proporcional a su estado emocional. Trabajaba más de ocho horas al día, comía en media hora, viajaba a menudo… Fue una de sus secretarias quien le recomendó el Zazen, una técnica que combina la postura, la respiración y la actitud espiritual. Schwartz practicó durante tres años la tradición Soto Zen; se sentaba a meditar «delante de una pared» tres días a la semana, durante una hora y media.

Después, su inquietud le ha llevado a retiros en diferentes partes del mundo, donde dedica al menos veinte días de sus vacaciones para profundizar en la práctica de la meditación. El último año estuvo en California, en un curso diseñado por el psicólogo Paul Ekman, pionero en el estudio de las emociones y su expresión facial, y el investigador en budismo tibetano Alan Wallace, ambos buenos amigos del Dalai Lama.

Cada día practica entre veinte y cuarenta minutos en su casa, pero asegura que «también se puede meditar mientras se realiza cualquier actividad, como por ejemplo conducir, con una atención mayor en lo que estás haciendo que cualquier otro conductor».

Sobre todo, remarca que «la meditación no es una actividad egoísta, se trata de estar presente con los cinco sentidos y siempre motivado por el corazón, y esto permite que tu empatía y tu resiliencia aumenten». Y, para no asustarlos, a los no iniciados les recomienda que comiencen por cinco minutos de práctica repartidos en varios espacios durante el día, «en esa búsqueda del bienestar y la autoestima genuinos que se dan cuando permites que se despliegue todo tu potencial como ser humano».

2
¿Eres búho, alondra o colibrí?

> La inmerecida etiqueta de «perezosos» que reciben los trasnochadores se debe a que los madrugadores del mundo nunca los ven en su momento más productivo. Porque, irónicamente, ya están dormidos.
>
> Anónimo

Las encuestas indican que la mayoría de las personas desearían ser alondras, es decir, que les gustaría despertarse temprano por la mañana. De eso presumen muchos líderes, cualquiera que sea su profesión. Sin embargo, los estudios demuestran que un 70 % de los ciudadanos de a pie son más colibrís, o, dicho de otro modo, luchan cada mañana con el despertador. Y un porcentaje que no supera el 20 % se identifica con los búhos, son los que viven su mejor momento de la jornada al anochecer.

Tener o no fuerza de voluntad no explica por qué a tantas personas les cuesta madrugar. Los científicos lo atribuyen al funcionamiento de nuestros ritmos circadianos y, en función de esa manera de adaptarnos a los ciclos biológicos y ambientales, han establecido tres cronotipos de personas:

- Alondras. Son madrugadoras y alcanzan su máximo de productividad hacia el mediodía.
- Búhos. Alcanzan su máximo nivel de alerta hacia las seis de la tarde y son más productivas por la noche. Suelen tomar bastante café y arrastran a menudo un déficit de sueño.
- Colibrí. Se ajustan mejor al ciclo noche-día. Con ellas es más fácil adquirir una disciplina del sueño, con horarios regulares y exposición a la luz solar durante el día.

Los ritmos circadianos influyen en muchas funciones de nuestro organismo, entre ellas: el sueño, la alimentación, la actividad hormonal, la actividad cerebral y la regeneración celular. En 2017 se otorgó el Premio Nobel de Medicina a tres investigadores estadounidenses que descubrieron los mecanismos moleculares que controlan los ritmos circadianos. Jeffrey C. Hall, Michael Rosbash y Michael W. Young han analizado la importancia de estos ciclos para regular nuestro bienestar.

Conocer nuestros ritmos biológicos para encajar cada actividad en el momento adecuado nos permite conocernos a nosotros mismos y vivir una vida más plena, según aconseja el doctor Javier Albares, miembro de la Sociedad Española del Sueño.

Cuando existe una cronodisrupción, es decir, una alteración de los ritmos internos, y no basta con la fuerza de voluntad para seguir el ejemplo de las personas de éxito, se puede recurrir a una prueba que consiste en llevar durante siete días un aparato, similar a un reloj de pulsera, que mide hábitos, rutinas, tiempo de exposición a la luz solar y en interiores y actividad física. Con estos parámetros, un especialista determina cómo se puede adaptar cada persona a sus momentos de máximo rendimiento.

La prueba del algodón, no importa la profesión o el grado de responsabilidad, es conseguir levantarnos sin despertador. Ésa es la máxima garantía de un buen descanso nocturno.

La Sociedad Española del Sueño ha analizado en profundidad las distintas implicaciones del tiempo de descanso y ha publicado los resultados en su *Revista de Neurología*. El estudio realizado por la Unidad de Trastornos Neurológicos del Sueño del Hospital Universitario de La Paz demuestra que los españoles dormimos mejor de lo que cree la mayoría, aunque no superamos las siete horas de descanso de media.

Pero además de la cantidad de horas de sueño, también son fundamentales la calidad y la continuidad. Factores ambientales como la estimulación lumínica y los ruidos dificultan el descanso. Y para conseguir un sueño óptimo es importante el orden y la limpieza en el dormitorio; lo contrario produce estrés. Por último, a pesar de que no existe evidencia científica, los profesionales del sueño recomiendan apagar los dispositivos electrónicos por la noche.

Madrugar merece la pena, si nos atenemos a un estudio

realizado por la Universidad de Toronto que revela que las personas que se levantan temprano parecen más felices, muestran mayor satisfacción, bienestar y productividad. Y su reloj biológico se adapta más rápidamente a las tareas rutinarias.

La siesta, el yoga ibérico

Denostada durante mucho tiempo en nuestro país entre las personas diligentes, la siesta es tendencia en todo el mundo.

Empresas multinacionales y corporaciones como Google, Samsung, Nike o la NASA dan a sus trabajadores la posibilidad de incorporarla a su rutina. De hecho, hace más de dos décadas, en 1995, la agencia del gobierno estadounidense responsable del programa espacial realizó el primer gran estudio que demostró la utilidad de la siesta.

Una experiencia a tener en cuenta la protagonizó un grupo de pilotos a los que se les permitió dormir una media de veinticinco minutos durante los vuelos. Con este descanso mejoraron el tiempo de reacción entre un 16 y un 34 %, en comparación con otro grupo que no durmió.

Otros especialistas como la doctora Sara Mednick, profesora de Psicología de la Universidad de California y autora del libro *Take a nap! Change your life*, van más allá y aseguran que una simple siesta, normalmente de menos de media hora, aumenta la lucidez, estimula la creatividad, reduce el estrés, mejora la percepción, la resistencia, las habilidades motrices, la precisión y la vida sexual, ayuda a tomar decisiones más acertadas, a mantenerse más joven y a perder peso, reduce el riesgo de un ataque cardíaco, eleva el estado de ánimo y fortalece la memoria... Tanta eficacia con tan poco esfuerzo.

Bien conocida era la afición de echarse una siesta de Winston Churchill, político y estadista británico. Durante la Segunda Guerra Mundial, le estimulaba tanto ese breve descanso que tenía una cama en el Parlamento. Llegó a afirmar que la clave para que el Reino Unido ganara sus batallas estaba en las siestas que él dormía.

Los últimos en hacer de la siesta su tabla de salvación para incrementar la productividad han sido los japoneses. Sus empresas tecnológicas fueron las primeras en llamar la atención sobre el peligro de trabajar en exceso y dormir poco, en su caso no más de seis horas. Un problema que han cuantificado en 138.000 millones de dólares de pérdidas anuales debido a un mayor riesgo de muerte y enfermedad, sin contar con efectos más inmediatos como la irritabilidad. En este contexto, cada vez más empresas se van incorporando a la iniciativa de Nextbeat, una tecnológica que ha habilitado salas insonorizadas, con poca luz, sofás cómodos y aromas relajantes, y donde está prohibido entrar con el portátil, la tableta o el teléfono móvil.

Ésta también es la filosofía de la fundadora del *Huffington Post*, Arianna Huffington, cuya máxima es: «Desconecta, recarga y duerme». Por eso su oficina cuenta con espacios de relajación donde se practica yoga y se dan clases de respiración y salas para echarse la siesta.

Míticas se hicieron en los años setenta las siestas «de pijama y orinal» que predicaba el escritor y premio Nobel Camilo José Cela. Ni sus excesos ni la boutade de Salvador Dalí son lo más recomendable. El excéntrico pintor defendía que la clave del éxito estaba en lo que él llamaba «descanso con una llave», que consistía en una siesta-instante. Dalí describió su experiencia del siguiente modo: se sentaba en una silla sosteniendo una llave metálica con el pulgar y el índice de la mano izquierda, y justo debajo colocaba un plato volteado en el suelo. En el momento en que se quedaba dormido, la llave se le caía de la mano y golpeaba el plato, despertándolo. Según él, esta microsiesta «revitalizaba» por completo el alma física y psíquica del ser.

Dormir no es desperdiciar el día

El Centro Nacional de Investigaciones Cardiovasculares (CNIC), que dirige el cardiólogo Valentín Fuster, ha realizado un estudio que revela que las personas que duermen menos de seis horas al día pueden tener un mayor riesgo de enfermedad cardiovascular en comparación con las que descansan entre siete y ocho horas.

Además, el estudio certifica que el sueño de mala calidad aumenta el riesgo de aterosclerosis, es decir, la acumulación de placas en las arterias. Los investigadores explican que la calidad del sueño «se define por la frecuencia con la que una persona se despierta durante la noche y la frecuencia de los movimientos durante el sueño, que reflejan las distintas fases del sueño».

El estudio, publicado en el *Journal of the American College of Cardiology* (JACC), ha analizado a 4.000 personas y concluye que los participantes que dormían menos de seis horas o con un sueño muy fragmentado y de mala calidad tenían más placas de colesterol.

Leer para descansar

Bill Gates, el magnate de Microsoft, tuvo las ideas claras desde muy joven. A sus profesores de la Universidad de Harvard les anunció que sería millonario antes de los treinta años. A los treinta y uno había superado su sueño, era multimillonario.

Seguir sus costumbres no te garantiza el éxito, pero seguro que no te sentará mal compartir sus hábitos de sueño. En una entrevista al *Seattle Times* confesó que después de una jornada de trabajo, independientemente de la hora a la que llegue a casa, siempre lee durante al menos una hora para conciliar el sueño.

Por el contrario, Warren Buffett, considerado el inversor más exitoso del mundo, prefiere leer cuando se despierta. De hecho, comienza sus lecturas en la cama, una tarea que continúa en el despacho, para mantener la costumbre de asimilar más de 500 páginas al día. Dice que el conocimiento se acumula así, como el interés compuesto.

En cambio, la novelista británica del siglo XIX Jane

Austen, mujer madrugadora, no se levantaba temprano para leer o escribir, sino para tocar el piano. Decía que la música le inspiraba para iniciar la jornada.

El *prime time* de las televisiones no ayuda

Alejandro Perales, presidente de la Asociación de Usuarios de la Comunicación (AUC), exconsejero de Telemadrid y experto en foros internacionales, nos explica las razones, inexplicables, de nuestro *prime time* televisivo: «España es uno de los países de Europa con mayor consumo televisivo, con casi cuatro horas de media por persona y día, y un importante grupo de personas, especialmente jóvenes, abonados con entusiasmo a eso que se llama "el atracón de series" (*binge-watching*) en las plataformas de vídeo a la carta. Pero lo que hace especialmente singular la situación en nuestro país es el elevado consumo televisivo nocturno, del que participan también muchos menores».

La curva de audiencia televisiva en España presenta la peculiaridad de un *prime time* al mediodía (algo inconcebible en los países de nuestro entorno, en los cuales la gente no va a casa a comer para volver luego a su trabajo, ni cuenta con jornadas que finalizan a las tres de la tarde), y sobre todo de un segundo *prime time* que comienza cada vez más tarde (en la actualidad, cerca de las once de la noche) y se adentra en la madrugada robándole horas al sueño.

Si en Francia, Alemania o el Reino Unido la oferta televisiva nocturna comienza con los informativos en torno a las siete o las ocho de la tarde, en España esos informativos empiezan cerca de las nueve, y, además, si no inventado, sí hemos perfeccionado la idea del *access time* o programas «hamaca» o «puente», que se ubican en la parrilla tras esos informativos, retrasando la programación principal del día para conseguir que ésta cuente con el mayor número de espectadores ante el televisor.

En la práctica, ese retraso del *prime time* se ha convertido en una carrera hacia delante, la cual, en realidad, perjudica a la audiencia de los espacios en los últimos tramos (los televidentes se acaban durmiendo, aunque sea en el sofá) y hace que muchas veces sea la oferta de *access* la más vista del día y la que consigue el minuto de oro. Pero las cadenas de televisión, inasequibles al desaliento, prefieren trocear los programas para no verse perjudicados en el *share* antes que desandar el camino recorrido y volver al sentido común en materia de programación. Y ello porque, aunque todos los operadores son conscientes del disparate, nadie se atreve a dar el primer paso si no lo dan también los demás.

La televisión pública, que al no tener (casi) publicidad no sufre la presión de los GRP (Gross Rating Points) y de la venta de espectadores a los anunciantes, podría haberse convertido en la punta de lanza de esa racionalización de los horarios, pero, tras un tímido intento de acabar los programas antes de las doce de la noche, volvió al vicio común de nocturnidad y alevosía.

Pero si de por sí es negativo ese retraso injustificado del

prime time, aún es más grave cuando se trata de los menores. La Asociación de Usuarios de la Comunicación ha hecho público un informe, con datos de 2018, en el que indica que, si bien el promedio de consumo televisivo de los menores de dieciocho años es mucho más bajo que el de los adultos, se observa que más de 1,2 millones de menores ven la televisión entre las diez y las doce de la noche y más de 350.000 pasada la medianoche. En el caso de los más pequeños (siete años o menos), el informe señala que permanecen en horario nocturno 200.000 y 50.000, respectivamente, cifras que se elevan a 500.000 y 120.000 en el caso de los situados entre siete y doce años.

La audiencia infantil nocturna puede calificarse de anómala y poco adecuada. Genera efectos negativos para la salud, como la falta de sueño y el consecuente menor rendimiento escolar. Y a ello contribuye el «efecto llamada» de determinados programas de carácter familiar o directamente dirigidos a los menores, que se emiten en *prime time* y extienden su emisión hasta altas horas de la madrugada en días lectivos. Además, ese consumo infantil fuera de la franja de protección aumenta las posibilidades de que los menores se vean expuestos a contenidos de adultos o inadecuados para su edad.

La Asociación de Usuarios de la Comunicación pide una seria reflexión por parte de los padres y de la sociedad en general, pero también por parte de las propias cadenas de televisión, que deberían supeditar los horarios de programación a las consideraciones de interés general y a la obligación constitucional de protección de la infancia y la juventud.

3

Dormir cuando no hay tiempo

> Hay que trabajar ocho horas y dormir ocho horas, pero no esas mismas horas.
>
> Woody Allen

¿Qué diríamos si el cirujano que está a punto de intervenirnos a corazón abierto confesara que se ha levantado muy temprano para revisar el procedimiento y sólo ha dormido cuatro horas? ¿O que el piloto del avión, cuando nos saluda, compartiera con los pasajeros que sólo ha dormido tres horas porque le gusta repasar la ruta?

Bromas aparte, a continuación veremos ejemplos de personas que pueden rendir con pocas horas de sueño. O al menos presumen de ello.

Sin embargo, Juan Antonio Madrid, catedrático de Fisiología de la Universidad de Murcia y director del Laboratorio de Cronobiología de la misma universidad, es tajante al afirmar que «quitar horas al sueño es perderlas».

Miembro de la Sociedad Española del Sueño, su mensaje es compartido por la mayoría de los miembros de esta organización.

Entonces ¿cómo tenemos que interpretar citas que repetimos a lo largo de los años sobre personajes que han triunfado en su campo profesional a base de laboriosidad?

Thomas Edison, el inventor estadounidense al que se le atribuyen más de mil descubrimientos, consideraba que dormir es una pérdida de tiempo. Para resistir toda la jornada practicaba lo que se llama «sueño polifásico», una especie de siesta de veinte minutos cada cuatro horas.

El doctor Madrid tiende a relativizar esta declaración de principios de Edison. «Es verdad que el sueño polifásico se aplica en condiciones muy especiales. Por ejemplo, cuando se está compitiendo en una vuelta al mundo de vela en solitario. En esa situación se puede hacer un programa de corte, vigilia y sueño, pero supervisado y siempre temporalmente, no como forma de vida», aconseja el especialista.

También en la actualidad se presume de rendir al límite. La presidenta del imperio PepsiCo, Indra Nooyi, se vanagloria de que apenas duerme cuatro horas al día. Una costumbre que adquirió cuando estudiaba en la Universidad de Yale y trabajaba en el turno de noche en una recepción, para poder asistir a las clases de día.

La canciller alemana, Angela Merkel, afirma que duerme tan sólo cuatro horas entre semana, pensando que el fin de semana puede recuperar horas de sueño.

Donald Trump es de los que también presumen de no

dormir más de cuatro horas, porque necesita tiempo para tuitear y ver la televisión…

Más comedida es la ex primera ministra británica, Theresa May, que duerme seis horas. Más o menos lo que confesaba descansar Barack Obama cuando ocupó la presidencia de Estados Unidos, para quien levantarse a las siete de la mañana era sagrado para cumplir sus rituales matutinos antes de encarar el mando de la nación.

Respecto a la denominada «deuda de sueño», el doctor Madrid también desmitifica esa recuperación del tiempo perdido: «Si cada día laboral se duermen cuatro horas, el sábado, ampliando el horario del sueño, sólo se pueden recuperar las horas del viernes, no las de toda la semana».

Existen diversos estudios a propósito de las funciones del sueño que demuestran que el sueño profundo limpia el cerebro de depósitos tóxicos. Lo contrario, a la larga, puede predisponer a padecer enfermedades degenerativas como el alzhéimer.

«Por otra parte —advierte el doctor Madrid—, por poco que se haya dormido entre semana, el sábado y el domingo no se debería superar dos horas más de sueño respecto al resto de la semana. Si no, se corre el peligro de provocar *jet lag* social, que puede tener consecuencias metabólicas».

De la ciudadana número uno del Reino Unido, la reina Isabel II, sabemos que se levanta cada mañana a las siete y media con música de gaitas, según explica Brian Hoey en su libro *At home with the Queen* («En casa con la reina»).

El doctor Madrid coincide en que la música puede ser adecuada para hacer el tránsito del sueño al despertar:

> Las alarmas ruidosas resultan estresantes y el hecho de tener que interrumpir el sueño ya lo es. Por eso es mejor transformar ese momento de tránsito en algo agradable. Actualmente se pueden programar sonidos de pájaros u otros de la naturaleza. Incluso hay despertadores que reproducen la luz del amanecer que ayudan al tránsito del sueño a la vigilia. El momento de levantarse y poner un pie en el suelo no se puede menospreciar. Al amanecer es cuando aumenta de forma natural la glucosa en sangre, entre las cuatro y las ocho de la mañana, son mecanismos hormonales que preparan el cuerpo para que funcione bien al despertar. Alterar ese momento no nos beneficia de cara al resto de la jornada.

Nuestros políticos si no duermen, no rinden

De nuestros mandatarios, más que la hora a la que se despiertan sabemos que valoran mucho el tiempo de descanso. Con motivo del Día Mundial del Sueño, Julio Montes echó mano de su *Maldita Hemeroteca* y en el programa *Julia en la Onda* deleitó a la audiencia con anécdotas como la de Mariano Rajoy, cuando admitió sin rubor a los periodistas en una rueda de prensa: «No he dormido nada, así que, aunque estoy a su disposición, no pregunten demasiado y concreten las preguntas, que estoy un poco cansado». Alguna vez confesó que con siete horas de sueño podía evitar el mal humor.

A José Luis Rodríguez Zapatero, al contrario que al común de los mortales, las preocupaciones no lo desvelan. Siendo presidente, le dijo a Andreu Buenafuente en una entrevista: «Cuando más cosas tengo en la cabeza, cuando más trabajo tengo, es cuando mejor duermo». Él mismo lo explicó en otra entrevista: «Es que soy muy tranquilo. Creo que, para tener una responsabilidad como la mía, la primera condición personal es tener fortaleza emocional. Tengo una buena relación con la vida».

Por su experiencia con los pacientes, el doctor Madrid considera que lo más habitual es que las personas se lleven los problemas a la cama: «En esos casos se suele tardar entre una y dos horas en desconectar, aunque se puede contrarrestar con rutinas que conduzcan al sueño. Una ducha antes de irse a la cama o transferir al papel las tareas pendientes para el día siguiente suele ayudar». Para este experto en cronobiología, la práctica de *mindfulness* también ayuda a crear hábito nocturno.

Y añade: «Los suplementos de melatonina que consumen personas con cambios de turno o viajes continuos es una de las pocas sustancias que promueven el sueño y se pueden tomar durante un período prolongado». Pero recuerda que tampoco es la panacea y que, en todo caso, «no se puede tomar por rutina ni a dosis no controladas médicamente».

De Aznar sabemos por boca de su mujer, Ana Botella,

que el ambiente de la Moncloa le sentaba de maravilla para descansar. Dormía bien el presidente.

No sabemos las horas que duerme Pedro Sánchez habitualmente; en campaña ha confesado que cuatro. Lo que sí sabemos es que le da mucha importancia al descanso. Hay numerosos tuits del presidente dando las buenas noches cuando se va a dormir. Su deseo de «ser malos» se ha convertido en un clásico de las bromas en la red.

Albert Rivera, en cambio, ha tenido episodios de insomnio en el verano, así lo ha confesado en Twitter, aunque admite que duerme entre seis y ocho horas cuando puede.

El doctor Madrid no lo considera tan extraño: «El reloj biológico utiliza la luz del día, por eso en verano, cuando el número de horas de oscuridad disminuye, nuestro organismo también lo aprecia. Es muy importante no añadir estímulos como las luces blanquecinas o azuladas de los dispositivos móviles». En el dormitorio recomienda una luz lo más anaranjada posible. Y apunta: «También es perjudicial que en verano se utilice mucho el aire acondicionado y que en invierno se abuse de la calefacción. Son elementos que pueden hacernos la vida más placentera, pero lo que consiguen es engañar a nuestro cuerpo que se prepara, por años y años de costumbre, a otra temperatura. El organismo no percibe el cambio de estación y se puede alterar».

En el Congreso y el Senado, hemos visto tantas veces a sus señorías echando una cabezadita que no es noticia. Pero José Blanco debió de pasar un mal trago cuando, siendo ministro de Fomento, en 2011 se quedó traspuesto durante la rueda de prensa que daban el presidente Rodríguez Zapatero y su homólogo turco Tayyip Erdoğan. En cambio, a la entonces ministra de Exteriores, Trinidad Jiménez, se le escapó una sonrisa cómplice cuando por fin Blanco abrió los ojos.

Para el experto en cronobiología, la explicación más común de estos «kit-kat» es una deuda de sueño importante o un episodio de apnea, que a veces pasa desapercibido: «Los varones con sobrepeso, o con el cuello grueso, suelen padecer estos episodios, aunque no es el caso de este político».

En situaciones comprometidas, el doctor Madrid afirma que «el mejor truco para no dormirse es mover las articulaciones. Tomar notas o mover disimuladamente las rodillas ya está dando órdenes al cerebro para mantenerse despierto. Aunque en nuestra cultura sea un poco inadecuado, mascar chicle también ayuda». Además, una temperatura elevada en la sala contribuye a esa sensación de somnolencia, aunque no siempre se puede solucionar saliendo a respirar aire fresco.

Comunicadores madrugadores

Si los empresarios españoles son cuidadosos a la hora de comentar sus costumbres, no ocurre lo mismo con los periodistas que tienen que madrugar por obligación. Explicar sus hábitos matutinos es una especie de reivindicación pública del esfuerzo que les supone disputarse el número uno en los matinales radiofónicos. Con motivo del Día de la Radio, el periodista Jordi Basté reunió en 2018 a los tres líderes de las mañanas, que inician sus respectivos programas a las seis.

Carlos Herrera, de la cadena COPE, confesó que es disciplinado a la hora de irse a dormir: «Siempre hacia las ocho de la noche, pase lo que pase, incluso si juegan el Barça o el Madrid, el Sevilla o el Betis». Una media hora antes se mete en la cama para leer. Por la mañana, nada más levantarse, se toma una tortilla de pavo, come pronto y no cena.

El doctor Madrid comenta que la costumbre tan española de cenar tarde y de manera copiosa es inadecuada. Según él, irse a la cama sin cenar, hacer un ayuno nocturno de catorce horas, no sólo no es contraproducente sino que además puede ayudar a adelantar el reloj biológico.

Carlos Alsina, que le disputa el *prime time* desde Onda Cero, como muchos españoles que madrugan, no se conforma con acostarse temprano. Eso sí, tiene una línea roja, las once y media es su hora límite. Levantarse no le resulta sencillo. Por eso se pone el despertador a las tres de la madrugada, a las tres y media, a las cuatro menos veinte, e incluso sigue sonando cuando ya está despierto.

Sin extralimitarse, el doctor Madrid recomienda estirar el cuerpo poco a poco: «Despertarnos por fases. Lo que no es saludable es ir dando pequeñas cabezadas, pero hay que recordar que entre las cinco y las siete de la mañana son las horas más ricas en sueño REM, cuando se produce una elevada actividad cerebral, y no es muy aconsejable interrumpir ese momento. Reposar entre diez y quince minutos antes de levantarse es una buena solución». Escuchar la radio es su fórmula para despertarse por las mañanas.

Pepa Bueno, que lidera las ondas desde su programa en la cadena SER, ha encontrado un truquillo para comenzar el día de buen rollo a pesar del madrugón: cuando llega a la redacción se pone «A perfect day» de Lou Reed. Por la tarde intenta ir al gimnasio, pero preparar el programa siempre es prioritario. Su sentido de la responsabilidad le hace tener el teléfono conectado toda la noche «por si acaso».

Más inclinado a hablar de hábitos ideales, pero sin obviar las situaciones reales que la obligación laboral nos depara, el doctor Madrid recuerda que «la luz del móvil excita y por tanto altera el sueño. Además, la información que suele transmitir, los pitidos que pueden desconcentrarnos, no son neutros. Tener el móvil en silencio pero con vibración no es una solución porque también puede alterar el sueño. Los microdespertares que puede provocar son un impedimento para encarar el sueño profundo y reparador que requiere nuestro cerebro».

No pocos comunicadores de los que hoy están ante el micrófono bromean con el caramelo envenenado que han heredado de los dos grandes maestros de las ondas, Luis del Olmo e Iñaki Gabilondo, de adelantar la hora de comienzo de sus programas en su carrera para ganar audiencia.

De eso puedo dar fe personalmente. Trabajé con Luis del Olmo desde 1988 hasta 2008. Cuando me incorporé, comenzábamos a las ocho y media de la mañana, y cuando me marché, *Protagonistas* ya empezaba a las seis, con los deberes hechos, es decir, las noticias del día bien frescas.

A menudo le recordaba a Luis del Olmo que el fundador de la editorial Planeta, José Manuel Lara, siempre contaba con sorna en las entrevistas que alguien que tuviera que estar en el despacho antes de las once de la mañana no podía decir que había triunfado en este mundo. Una afirmación que hoy no firmaría ningún empresario que quiera ser respetado.

Luis del Olmo, que durante décadas se disputó las mañanas con Iñaki Gabilondo (rivales en las ondas, amigos en la vida real), siempre presumió del esfuerzo de madrugar. Una siesta reparadora le permitía encajar el madrugón, aunque durante una temporada su afición al golf lo acaparó de tal manera que aprovechaba la hora del almuerzo para practicar su drive.

Las bondades de la siesta, para el experto en cronobiología, están científicamente probadas: «Siempre y cuando ese descanso no supere la media hora. Es importante que no se llegue a alcanzar la fase profunda del sueño. Ese ligero descanso, además de permitir relajarse, también baja la presión arterial».

Meditar en la cama, el secreto de Baltasar Garzón

Cuando estaba preparando el juicio de la operación Nécora u otras sentencias sobre ETA, de Baltasar Garzón se decía que no era humano, que podía pasarse noches en vela para instruir un caso en la Audiencia Nacional. Al preguntárselo ahora, responde que él siempre ha dormido lo mismo: tres horas, cuando instruía la operación Nécora contra el narcotráfico y ahora que se dedica al mundo del derecho desde la otra orilla.

Suele acostarse tarde, «sobre las dos de la madrugada», porque cuando no tiene que escribir un artículo, tiene que diseñar una estrategia para una defensa de un caso de derechos humanos o escribir un capítulo del último libro que se ha propuesto sacar. También lee en la cama. Sus lecturas favoritas son la novela histórica u obras de filosofía.

Cuando por fin decide dormirse, dice que cae rendido al instante. Después de esas tres horas reparadoras, se queda descansando otra hora y media más en la cama. Con los ojos cerrados y pensando. En realidad, repasando mentalmente los asuntos que tiene que despachar al día siguiente o limitándose a meditar. En la mesilla de noche tiene un bloc, «aunque prefiero utilizar las notas de voz del móvil para preparar el trabajo que tengo que distribuir a mi equipo durante la mañana. Las grabo nada más levantarme».

De la etapa que pasó en la Universidad de Nueva York, dice que conserva los horarios tempranos de comidas y cenas, y que por la noche intenta ser frugal.

No le da pereza viajar, aunque los saltos transatlánticos impliquen cansancio, como tampoco dice que «no» a iniciativas relacionadas con la defensa de los derechos humanos, aunque ya ha aprendido a renunciar a algunas propuestas. Pero no muchas, si tenemos en cuenta que actualmente está al frente de FIBGAR, una fundación pro Derechos Humanos y Jurisdicción Universal, y que ha hecho una nueva incursión en la política junto a Gaspar Llamazares, con el que ha formado el partido Actúa.

Nunca ha manifestado, al menos públicamente, cómo consigue que le cundan las horas. Ahora también está empeñado en enseñar a jugar al ajedrez a su nieto de seis años.

Sin querer restar méritos a quienes dicen dormir pocas horas, el doctor Madrid relativiza ese tiempo de vigilia. En su Laboratorio de Cronobiología, la ciencia que investiga nuestro ritmo interno, han monitorizado el sueño de más de 6.000 personas durante una semana y se ha constatado que algunas que creían no dormir sí que descansaban.

Además, remarca que «el déficit de sueño se paga durante el día y también con patologías, porque pasa factura a nuestro organismo». Un último consejo: «Dormir más de nueve horas y media también resulta contraproducente».

Por otra parte, han demostrado en el laboratorio que no se puede obligar a todo el mundo a comenzar la jornada a unas horas determinadas: «Cada uno tiene su reloj biológico y no se debe forzar la carga genética, por mucho que las personas madrugadoras parezcan más diligentes».

Y recuerda que con los años todos tendemos a adelantar nuestro reloj biológico y necesitamos menos horas de sueño, mientras que los adolescentes y los jóvenes suelen resistir mejor la vigilia nocturna.

En la página 192 encontrarás el «Test de los tres tiempos» de la Sociedad Española del Sueño para comprobar el uso que haces de la jornada.

4

Conciliar sin renunciar al bienestar

> Vosotros los europeos tenéis relojes, pero nosotros tenemos tiempo.
>
> Proverbio africano

El «presentismo» y los horarios partidos son los dos grandes lastres de nuestra cultura laboral que explican, en parte, por qué la conciliación es más difícil en nuestro país que en otros del entorno.

«La gente todavía tiene miedo a perder su puesto de trabajo si no los encuentran en la mesa hasta tarde.» Éste es uno de los factores que apunta el economista José María Fernández-Crehuet, delegado internacional de la Comisión Nacional para la Racionalización de los Horarios (ARHOE).

En cambio, los altos ejecutivos cada vez tienen más claro que hay que acabar con esas costumbres. Nuria Oliver, directora de Data Science de Vodafone y una de las cuatro mujeres de la Real Academia de Ingeniería de España, lo tiene claro: «Las reuniones a las ocho de la tarde son muy comunes e incompatibles con la vida familiar. Cuando me convocan a una de esas reuniones pregunto el motivo para que se haga a esa hora. Hasta el momento, siempre ha resultado que no había ninguna razón y se ha cambiado».

Un informe de ADECCO sobre presentismo laboral revela que sólo un 6 % de las empresas aplican horas límite a las reuniones, y métodos como el apagado de luces apenas lo practican un 5 % de las pymes.

El Eurobarómetro de 2018 revela que el presentismo provoca que los españoles seamos los trabajadores menos felices, y las consecuencias son una insatisfacción que repercute en el rendimiento, menor compromiso con la empresa y mayor fuga de talentos. Ésta es una de las conclusiones del estudio realizado por Cristina Gallego y Magalí Riera, profesoras de EAE Business School.

El descanso de dos horas al mediodía que todavía se practica en muchas pymes y comercios españoles, y en multinacionales que adaptan sus horarios a las costumbres nacionales, tiene su origen en los años cuarenta del siglo pasado. En plena posguerra y con una economía depauperada, era habitual que la mayoría de los trabajadores, incluso profesionales cualificados, tuvieran que aceptar más de un empleo para sobrevivir. Esas dos horas solían dedicarse a otra ocupación. Esa reminiscencia, que se mantiene más por costumbre y por la reticencia a cambiar hábitos, eleva a diez las horas que la mayoría de los trabajadores invierten en su tiempo laboral.

La solución pasa por dictar medidas desde la Administración. En ese sentido, el presidente de ARHOE, José Luis Casero, recuerda que hasta hace poco nadie creía que en España se dejaría de fumar en bares y restaurantes, hasta que llegó la ministra Elena Salgado, tomó el liderazgo y lo consiguió.

Mariano Rajoy, a pesar de que durante su mandato se refirió públicamente en múltiples ocasiones a la «aberración de los horarios españoles» y se comprometió a establecer las seis de la tarde como final de la jornada de consenso, no consiguió un compromiso real y tienen que ser los propios empleados los que pacten la flexibilidad, que sólo beneficia a uno de cada nueve trabajadores, y que no siempre tranquiliza a quienes la practican por miedo a perder competitividad. El «banco de tiempo», una medida para flexibilizar el horario en las empresas, al menos ha llegado al Congreso para su estudio en una comisión de trabajo.

Otro país que tiene problemas de conciliación es Corea del Sur, donde la competitividad se inculca desde la escuela. En su capital, Seúl, se está probando a apagar los ordenadores de los funcionarios a una hora fija, sobre las siete de la tarde, para forzar su regreso al hogar.

Lejos estamos de Suecia, donde las empresas públicas no permiten jornadas de más de seis horas, pero además se ha asentado la creencia de que quien trabaja más horas de las estipuladas no es capaz de organizarse y se le mira con recelo.

En la punta del iceberg, el teletrabajo no parece una alternativa hoy por hoy. Sólo el 1,3 % de los empleados de nuestro país recurre a esta medida frente al 8,4 % de la media europea. En eso también influye que todavía no hay muchas empresas con suficiente estructura de digitalización que lo permita.

Además del presentismo y la falta de flexibilidad horaria, hay un tercer factor que supone un obstáculo para la conciliación. Aunque los hombres buscan cada vez más su hueco para conciliar, hay matices a tener en cuenta. Javier Cantera, presidente del Grupo BLC, como responsable de una compañía de gestión de personas sabe de primera mano que los hombres quieren conciliar en tres aspectos: trabajo, familia y vida personal, mientras que las mujeres se centran más en el trabajo y la familia. Otra variable que precisa de un equilibro de roles.

Ritxar Bacete, antropólogo experto en igualdad de género y autor del libro *Nuevos hombres buenos*, un referente de la nueva masculinidad, intenta aplicar fórmulas de cuidados compartidos. Reconoce que «a los hombres no nos interesa la igualdad. Por muy majo que seas, prefieres tener ventajas», pero considera que la paternidad es una oportunidad: «La crianza de una criatura nos pilla más blandos y te permite relacionarte de manera distinta con el trabajo».

Él mismo, cuando nació su primera hija, a pesar de su intensa actividad laboral como investigador, coordinador de proyectos y coach, montó su oficina en casa. Y no le importa que a veces se convierta en sala de juegos. Este profesional que practica con el ejemplo encara el futuro con optimismo: «El empuje de una parte significativa de mujeres, más la toma de conciencia de cada vez más hombres, para los que el descubrimiento de la paternidad es clave, ha hecho que estemos en un punto de no retorno».

Otro ejemplo lo dio Barack Obama, de quien de todos era sabida su innegociable costumbre de cenar en familia con Michelle y sus hijas mientras fue presidente de Estados Unidos. Lástima que en nuestro país no se visibilice esa iniciativa tan recomendable entre nuestros políticos, si es que realmente la practican.

Remedios para contrarrestar los turnos de noche

La Encuesta de Población Activa del Instituto Nacional de Estadística (INE) revela que en España hay 2,3 millones de personas que trabajan en turno de noche, en jornada completa o parcial. Ellos sí que tienen un verdadero problema de sueño. Mientras la media de horas de descanso es de 7,1, quienes tienen que dormir en pleno día suelen rondar las cinco o seis horas.

Pero el inconveniente no reside sólo en la cantidad, sino también en la calidad del sueño. El cerebro está programado genéticamente para dormir de noche y estar despierto durante el día.

Llegar a ser un referente en tu profesión a veces requiere de sacrificios, como pasar por una etapa en la que los turnos de noche o rotatorios resulten inevitables, en especial en las profesiones de servicio a la sociedad: personal sanitario, pilotos, fuerzas del orden... La mayoría de los que están en la cúpula alguna vez tuvieron que superar esa etapa.

En estos casos, la Sociedad Española del Sueño recomienda:

- Utilizar la siesta como medida para evitar la fatiga, como mínimo de una hora o más para realizar una fase completa del sueño.
- Mantener un horario regular de comidas.
- Tomar una bebida estimulante como el café antes de empezar el turno puede ser recomendable, pero no reiteradamente para mantener la vigilia.
- Por la mañana, al salir del turno de noche, utilizar gafas de sol.
- Evitar tomar líquidos antes de dormir. La vejiga se llena de orina cuatro veces más durante el día que por la noche.
- Reproducir ciertas rutinas de desconexión al llegar a casa por la mañana: darse una ducha, poner una luz tenue, un simulacro de cena ligera o un tentempié.
- Tomar melatonina (3 mg) antes de acostarse por la mañana.

Profesionales que viven a otro ritmo

Vanessa Velasco lleva veinte años en el mundo de la aviación, quince como piloto de Iberia. Ni el *jet lag*, ni los cambios de hemisferio y de temperatura en pocas horas le parecen situaciones insalvables.

Lleva una vida tan activa como quienes tienen horarios regulares. Participa en un grupo de teatro, escribe, le encantan las teleseries y estudia (acaba de concluir un curso en la Universidad de Salamanca que le permite acceder a cargos directivos en el ámbito de operaciones aéreas). Con todo, lo que absorbe la mayor parte de su tiempo libre es el proyecto «Aviadoras», una plataforma que dirige y que pretende visibilizar la presencia de las mujeres en una profesión en la que sólo representan el 3,5 % del colectivo de pilotos en nuestro país. En estos momentos, dar conferencias, charlas en escuelas y otras iniciativas que persiguen este objetivo son su tarea primordial.

También ha sido instructora de vuelo y, como tal, recomienda a sus alumnos ejercicios de respiración, buenos hábitos de sueño y no utilizar dispositivos electrónicos en las horas previas a un vuelo. Eso, asegura, es fundamental para conseguir un descanso de calidad.

En los vuelos de largo recorrido, los pilotos pueden disfrutar de un «descanso controlado» por turnos, treinta minutos para dormir o relajarse con los ojos cerrados. Antes de esa pequeña siesta se toman un café, que comienza a hacer efecto tras esa media hora de relax.

Al llegar a su destino, por ejemplo Chile, después de más de veinticuatro horas de vigilia, Vanessa Velasco duerme el tiempo que le pide el cuerpo, sin despertador. Su máxima es: «Hay que escuchar al organismo, pues habla cuando está cansado». No les está permitido tomar somníferos ni estimulantes para conseguir el sueño o la vigilia, ya que podrían dar positivo en los rigurosos test de sustancias a los que los someten.

Algo de ejercicio, correr o caminar en la cinta del gimnasio del hotel, complementa esas veinticuatro horas de las que disponen para reponer fuerzas. Aunque cada vez resulta más inhabitual, cuando tiene tres días en blanco en Boston, otro de sus destinos, se permite explorar un poco la ciudad o mostrársela a su sobrino adolescente, que la había acompañado poco antes de hablar para este libro.

Sin fórmulas mágicas, trabajar en lo que le gusta le da fuerzas y colaborar en proyectos sociales la alimenta y le hace pensar en algo «que no seas tú misma y tus circunstancias».

Mario Durán es policía nacional en ejercicio. Durante años compatibilizó el turno de noche con el entrenamiento para el Campeonato de España de Piragüismo, que compartió con el también policía Saúl Craviotto, campeón del mundo.

Autor del libro *Así se hace un policía*, recuerda que mantener hábitos muy regulares y dormir una siesta de hora u hora y media fue lo que le permitió seguir ese ritmo de entrenamiento-vigilia durante sus patrullas en Asturias. Su hora más difícil en el turno de noche era de cuatro a cinco de la mañana.

Desde el departamento de recursos humanos de la Policía nunca ha recibido un protocolo de vida sana, «pero quien más quien menos se busca su manera de sobrellevar los cambios de turno, que han ido mejorando con el tiempo». Hasta hace dos años, en las patrullas se practicaba el «turno americano»: un día de mañana, otro de tarde y otro de noche, con uno saliente y otro libre total.

Ahora que trabaja en el Aeropuerto del Prat en turno de día, seis días seguidos y cinco de descanso, aunque se pierde el fin de semana, también tiene más facilidad para realizar otras actividades y gestiones y no considera que esos horarios trastoquen su vida familiar.

En los servicios públicos de veinticuatro horas siempre se produce algún tipo de efecto indeseado, a pesar de que cada vez existe una mayor conciencia entre los mandos sobre la importancia de la conciliación. Cuenta, por ejemplo, que en el Cuerpo de Policía hay un número significativo de parejas y se ha ideado que sus turnos no coincidan con el fin de que puedan atender a sus hijos. En la práctica, muchas de estas relaciones se resienten, con un número de separaciones por encima de la media de la población general.

La reflexión de Mario Durán es que esta profesión tiene mucho de vocación, pues se trata de un servicio a la sociedad «en el que tienes que rendir las veinticuatro horas del día y en ese contexto se pueden salvar los inconvenientes de unos horarios que no son ideales».

Después de una larga carrera que finalizó con veintiséis años y tras los cinco años de residencia, Maria Saladich por fin se convirtió en cirujana. La mayoría de sus intervenciones son de abdomen, tiroides y mamas.

Debido a su aspecto juvenil, pero sobre todo al sexismo que todavía impera en nuestra sociedad, se ha visto en situaciones sorprendentes. Reacciones de estupor al descubrir que «esa nena» que los atiende no es una auxiliar en prácticas sino la persona que les va a intervenir. De esa experiencia surgió una campaña que encabeza y que secundan también colegas masculinos en los hospitales donde opera, el del Mar en Barcelona y el Universitario de Vic.

Su activismo comenzó con una chapa cuya leyenda NO ME LLAMES NENA, SOY LA DOCTORA en pocos años estará desfasada —o al menos eso esperan ella y sus compañeras—, si tenemos en cuenta que cada vez hay más mujeres que estudian Medicina. Pero en la actualidad esa concienciación es imprescindible.

Sus guardias, de veinticuatro horas, que compatibiliza en dos y hasta en tres centros hospitalarios diferentes, no le preocupan en plena juventud. Cumple escrupulosamente la normativa: después de un día de guardia, otro de descanso, o doce horas entre una guardia y otra. Para aguantar ese ritmo nadie le ha explicado un protocolo de salud laboral, por aquello de «en casa del herrero, cuchillo de palo», pero ella confía en el yoga para relajarse y en los estiramientos para reforzar la musculatura de la espalda, que se resiente tras una intervención quirúrgica de hasta doce horas.

Tampoco durante los tres meses de prácticas en un hospital de Sudáfrica, operando de urgencias a heridos de bala o realizando amputaciones, le ofrecieron más consejo para facilitar el descanso que escuchar a su propio cuerpo cuando dice «basta».

Durante una intervención, la adrenalina la ayuda a concentrarse, pero confiesa ser muy cafetera el resto de la jornada. «El sustituto del cigarro que no me fumo», se justifica. Incluso antes de acostarse se puede tomar una taza en plan relax. Una costumbre nada ejemplar, pero que comparten muchos facultativos.

Para relajarse de verdad y desconectar del trabajo, su mejor recurso es dibujar viñetas que cuelga en la red.

Cuando, como ella, se está abierta a aprender nuevas técnicas, confiesa que no le resulta fácil decir «no», aunque está convencida de que es importante conseguirlo. De hecho, ya se ha permitido renunciar a algunos de los trabajos que le proponen.

A propósito del café, el doctor Charles Czeisler, director del Área de Medicina del Sueño de la Escuela de Medicina de Harvard, explicó a *The Wall Street Journal* que la cafeína no reduce la necesidad de dormir, aunque la bloquea de forma temporal: «Es como tomar una aspirina, ayuda a bajar la fiebre pero no actúa sobre la fuente del problema».

5

Formadores de emprendedores

> Piensa en tus equipos como lo hacen los entrenadores deportivos: nadie tiene todo lo necesario para el éxito, pero todos deben ser sobresalientes.
>
> Ray Dalio

Tienen lo más importante para estar en el lugar en el que se encuentran. Saben que el conocimiento no es nada sin las cinco actitudes que se atribuyen a un líder: posibilidad, pasión, colaboración, libertad y retos. Aplican su saber hacer a las organizaciones donde ejercen, multiplicando exponencialmente su capacidad de crear personas dotadas para el éxito.

Israel Ruiz es vicepresidente y tesorero del Massachusetts Institute of Technology (MIT), un centro que da especial importancia a la investigación y a la educación tecnológica y científica. Por el MIT han pasado más de 80 premios Nobel, como alumnos y profesores, a lo largo de su siglo y medio de existencia.

Este español, nacido en L'Hospitalet de Llobregat (Barcelona), gestiona un presupuesto de 235 millones de dólares, de los que 71 céntimos de cada dólar se destinan a la investigación.

Otro profesional que ha llegado a la cima de su oficio y paisano de Ruiz, el cocinero Ferran Adrià, reivindica que ambos son un claro producto de la meritocracia. Nacieron en una pequeña ciudad, en una familia humilde, y los dos han llegado a ser referentes en su actividad. En el caso de Adrià, proclamado durante años como el mejor chef del mundo, ahora imparte conferencias sobre innovación y da clases de cocina en la Universidad de Harvard.

Si el origen une, Adrià ha encontrado en el vicepresidente del MIT a un mentor en creatividad e innovación y al culpable de que piense más allá de los fogones. Cuenta Adrià lo que el vicepresidente del MIT le dijo para abrir los ojos al futuro: «Ferran, tú piensa en qué pasará dentro de setenta años, cuando tú ya estés muerto, y tira para atrás y planifica tus proyectos». Dicho y hecho: «Yo quiero que la *Bullipedia*, su proyecto de vida al cerrar El Bulli, su restaurante emblemático, siga ahí dentro de trescientos años».

Las responsabilidades de Israel Ruiz no le impiden mantener una actitud de proximidad cuando se lo demandan en su país. Por eso podemos encontrarle en una conferencia sobre formación en una universidad española, o sobre innovación en la Fundación La Caixa, que le permitió acudir por primera vez al MIT con una beca, o comprometerse con la Fundación Princesa de Girona para ofrecer sus reflexiones a jóvenes emprendedores.

De su currículum se extraen pistas sobre su escalada al éxito. Estudió Ingeniería en la Universidad Politécnica de Cataluña. Ya en el último curso trabajó en prácticas en la Nissan y más tarde en Hewlett Packard, lo que le permitió viajar por Europa, Estados Unidos y Singapur. Su salto al MIT le enfrentó a una nueva realidad donde se encuentra cómodo.

En sus conferencias suele recordar que un factor fundamental es la estructura de incentivos: «Lo relaciono con mi propia carrera profesional. No habría llegado a donde estoy sin asumir riesgos y optar por caminos que eran una apuesta de futuro que podía haber fallado y que todavía puede fallar. En España, si no te arriesgas, en realidad, vives en una sociedad de bienestar suficientemente buena. Hay unos servicios mínimos, tal vez demasiado mínimos, pero adecuados. Por otro lado, si asumes riesgos, la recompensa a lo mejor no es tan grande e incluso te criticarán por haber tenido éxito».

En Estados Unidos, por el contrario, no hay acceso universal a la universidad. Lo esencial allí es ofrecer oportunidades a todo el mundo. El presidente Obama es un ejemplo de que el sistema está basado en el talento de las personas.

Por eso en el MIT apuestan por el talento y no por proyectos y estructuras. Eso explica que una vez superado el acceso (no más de un 4 % de las personas que lo intentan cada año), el 98 % de los que ingresan en el centro consiguen graduarse.

Puede parecer anecdótico, pero Israel Ruiz aprovecha cualquier oportunidad para recordar la formación que tuvo su generación con un ejemplo muy práctico: «Nuestra educación se basaba en la memorización. A mí me suspendieron un examen por no saber la longitud del río Tajo. Cuando, en realidad, lo importante es saber qué tierras provee de regadío o si había conflictos en el territorio por la distribución de su caudal». He escuchado esta reflexión en más de una conferencia del vicepresidente del MIT.

Generoso con su tiempo e integrado en la cultura norteamericana de transparencia en los hábitos que practica, facilitó para este libro algunas de sus rutinas habituales.

En línea con lo que se predica en el MIT, considera que cada uno debe encontrar cuál es la mejor rutina para él y a qué hora funciona mejor. En su caso: «Me levanto pronto, entre las cinco y las seis de la mañana, pero no agendo reuniones antes de las ocho o las nueve. Ese tiempo lo utilizo en una cafetería para trabajar en los proyectos de más impacto y a medio plazo. Durante la jornada, entre reuniones y atender al día a día, se hace difícil utilizar tiempo proactivo. Esa rutina me permite que la mayor parte de los días pueda ir a cenar con la familia. Regreso a casa sobre las seis de la tarde. Menos cuando tengo cenas o eventos, pero intento priorizar la familia. Después de cenar siempre consulto mi correo».

Al preguntarle por otra de las cuestiones más controvertidas: ¿conectado o no todo el día?, responde: «Yo no dejo de estar conectado o contestar correos o llamadas críticas, ni cuando me voy de vacaciones, pero eso es muy personal».*

En cuanto al deporte: «En verano es cuando puedo practicar más, y combino correr y la bicicleta. Según la época del año, a la hora de comer, ya que aquí se come poco y rápido, y me da tiempo para eso. En invierno, durante el curso académico, me es difícil encontrar tiempo, pero camino mucho, más de 15.000 pasos al día de media. Voy andando al trabajo. Lo considero mi actividad física de mantenimiento y mi manera de crear espacio mental entre el trabajo y la familia».

Y, para terminar, me confesaba en el e-mail: «No puedo dedicarle más tiempo a hablar de mis rutinas, pero es más de la media de expectativa del país». Un ejemplo de lo importante que es la brevedad cuando, en su caso, ofrece mucha información válida en poco espacio.

---

* En este punto no puedo dejar de añadir una nota personal. Cuando escuché por primera vez a Israel Ruiz en una conferencia en Barcelona, explicó que todo el mundo alucinaba en España porque siempre responde los correos en el día. A él le extrañaba: «Si no lo hiciera, me echarían del MIT», dijo.

Este argumento me ha servido para reclamar respuestas a entrevistas o informaciones que, como periodista, pido constantemente y rara vez se sienten en la necesidad de contestar con celeridad, sobre todo en centros oficiales.

Israel Ruiz, doy fe, responde en menos de veinticuatro horas, como en el caso de este test.

María Blasco es doctora en Bioquímica y Biología Molecular. Gracias a sus investigaciones se conocen las funciones fundamentales de los telómeros y la telomerasa en el cáncer. Desde 2011 dirige el Centro Nacional de Investigación sobre el Cáncer (CNIO), un organismo en el que trabajan más de 400 personas. Su libro *Morir joven, a los 140* divulga sus conocimientos sobre el proceso del envejecimiento.

En este caso, también la meritocracia ha funcionado, como explicaba en una entrevista realizada por Cruz Soriano, en la que reveló otros muchos aspectos de su vida cotidiana.*

Nació en una pedanía de no más de 300 habitantes de la provincia de Alicante. Su madre era costurera y su padre transportista, y su familia se volcó en su escolarización y la de sus hermanos. Los fines de semana que puede sigue yendo a su tierra a visitar a su familia y, en contrapartida, en su comunidad es más que profeta. El instituto de Sant Vicent de Raspeig donde estudió lleva su nombre, y mantiene lazos con los científicos de la Universidad de Alicante, que la nombró doctora honoris causa.

Luchadora nata, cuando quiere algo lo busca incansablemente. Quizá por eso cuando la obligaron a iniciar la carrera en Valencia, en el tercer año escribió a un catedrático de la Universidad Autónoma de Madrid para que le

---

* *Gigantes de La 2*, 23 de diciembre de 2018.

facilitara el acceso a Margarita Salas, la colaboradora del premio Nobel Severo Ochoa que las científicas españolas tienen como referente.

Salas, su mentora, le abrió la perspectiva de trabajar con visión internacional, le proporcionó argumentos y la animó a ingresar en el Cold Spring Harbor Laboratory, meca de la biología molecular, en el que nueve de los científicos que han obtenido el Premio Nobel se formaron allí. Para poder ingresar tuvo que redactar una carta manuscrita con sus aspiraciones que fue igualmente respondida a mano. Más allá de los conocimientos científicos, lo que María Blasco aprendió a los veintisiete años en Estados Unidos es que «hay que ser atrevida y perder el miedo a ser ambiciosa, a ser independiente».

Sin duda, el CNIO tiene la impronta de esta investigadora con sensibilidad social y de los 400 científicos; un 67 % son mujeres, aunque se duele de que apenas el 30 % están en la cúspide.

Madre de un hijo, no considera que su vida sea difícil en este sentido, pero ha conseguido implantar la jornada continuada en el CNIO para facilitar la conciliación. Respecto a la concienciación de género y para que el colectivo tenga una visión más amplia, se imparten conferencias con filósofas, deportistas, cineastas, políticas o empresarias regularmente.

Es fácil imaginarla investigando en silencio y, sin embargo, reconoce públicamente que sólo lo necesita cuando está pensando estrategias; cuando realiza tareas de rutina no le hace falta. Es más, recuerda con cariño las horas de trabajo en el Cold Spring Harbor Laboratory de Nueva York, cuando trabajaba con las manos (una tarea que su mentora Margarita Salas consideraba fundamental). Entonces siempre estaba con la música a tope en los auriculares. Confiesa que le gusta el rock.

No es fundamentalista en la alimentación, pero con toda la información de la que dispone señala: «No creo que la alimentación sea un peligro, pero hay que comer sano, productos de proximidad, si es posible. Soy más de proteínas vegetales, legumbres y verduras».

El deporte también figura en la agenda diaria de la científica, que practica jogging y lo hace por convicción: «Está científicamente demostrado que previene muchas patologías y hace que envejezcamos sanos».

Intenta reservar los fines de semana para tener ratos de ocio. Cuando no viaja a Alicante, si se queda en Madrid procura hacer actividades culturales, visitar exposiciones o ir al cine, o simplemente relajarse. También le encanta la poesía. Es fan de Sylvia Plath, que además emplea muchas metáforas científicas en sus obras. En cuanto al rock, es muy de Patti Smith.

Reconoce que es normal que en su tiempo de ocio también se relacione con otros científicos, aunque cuando no están en el trabajo tienen una conversación más rica y cotidiana de lo que se esperaría de ellos. En lo laboral se sitúa en el grupo de los «margaritos», el apelativo cariñoso con el que se autodenominan los científicos que han tenido el privilegio de investigar con Margarita Salas.

Una de las máximas de María Blasco es: «Para ser científico hay que aprender. No hay un talento innato y no importa ser impaciente, pero hay que saber esperar».

Concha Monje es doctora en Ingeniería Industrial, directora del Center for Aeronautical Training and Services (CATS) de la Universidad Carlos III de Madrid e investigadora de Robótica en la misma universidad. Ha estudiado y realizado trabajos de investigación en centros de Alemania y Estados Unidos.

Con sus investigaciones ha contribuido al desarrollo de exoesqueletos para rehabilitar miembros dañados por accidentes cardiovasculares como el ictus cerebral, entre otras aplicaciones prácticas.

Ella misma tiene una criatura, Teo, un robot humanoide bípedo, de tamaño y peso humano, que manipula y transporta objetos. Asesoró a Antonio Banderas para su película *Autómata*. La escritora Rosa Montero estableció una fluida relación con la ingeniera cuando la conoció en un programa de radio donde coincidieron a raíz de su libro sobre Bruna Husky, la detective replicante.

Sus clases magistrales de divulgación en el programa *Julia en la Onda* han tenido tanto éxito como las que ofrece a sus alumnos en la universidad desde el rigor y la proximidad.

Tiene claro que la ciencia no está reñida con actividades antiestrés como tocar la batería, un hobby que reivindica entre quienes la conocen.

Entre otros galardones, le han concedido el Premio Mujer y Tecnología 2018 y el de Mejor Científica Contemporánea en 2017, que concede la revista *Quo* con el asesoramiento del Centro Superior de Investigaciones Científicas (CESIC).

Conocer otras realidades fuera de nuestro país facilita la tarea de mostrar con transparencia sus costumbres personales. De esa petición nació esta especie de encuesta en la que aporta múltiples reflexiones y cuenta cómo se puede desarrollar una carrera sin desatender la faceta más humana.

Concha Monje, científica y ciudadana, responde a nuestras preguntas:

¿Es imprescindible madrugar para tener éxito en el mundo de la investigación? ¿Cuál es su hora óptima para levantarse y comenzar la actividad?

Creo que lo imprescindible es tener una rutina de trabajo constante. La investigación requiere de mucha dedicación y de mucho tesón. Desde mi punto de vista, la clave está en que exista esa continuidad y cada cual la desarrolla en el tramo horario en el que mejor se siente. Yo suelo madrugar, mi mente está más despejada por las mañanas y me siento más activa. Por la noche no tengo la misma frescura mental y me encuentro más cansada, no es mi momento de trabajo. Me levanto a las siete y media y me acuesto sobre la una de la madrugada.

¿Considera positivo dejar para el fin de semana algunas cuestiones de trabajo que no se resuelven en el día a día?

Hay veces que no te queda más remedio que dedicar parte del fin de semana a trabajar, especialmente si llevas un ritmo muy elevado de trabajo. Siempre hay proyectos que escribir, artículos que entregar, charlas que preparar… y todo tiene unos plazos que no atienden a fines de semana. Sin embargo, para mí es fundamental parar y desconectar de esa rutina tan fuerte. Darle descanso a la mente es algo vital, hay que oxigenarse y reponer fuerzas para poder mantener un nivel alto de trabajo. Yo hace mucho tiempo que, salvo rara excepción, dedico los fines de semana a disfrutar de mis amigos, a estar en casa, tocar la batería, ver películas, ir al teatro… Tengo una vida social tan intensa como la laboral, y eso para mí es fundamental. Creo firmemente que el éxito de verdad consiste en rodearte de grandes amigos con los que compartir los momentos de la vida.

Llegar al despacho antes de que aparezcan los que dependen de usted, ¿ayuda o le agobia?

Yo no creo que llegar más temprano y salir más tarde ayude a ser más productivo en el trabajo. Cuando realizas trabajos más creativos como es el de la investigación, es tu cabeza la que manda y no siempre puedes forzarla a estar operativa a una u otra hora. En mi caso, programo reuniones semanales a primera hora de la tarde, porque en esa franja todo mi equipo suele estar disponible. Yo no entro en lo que hacen antes o después de la reunión, trabajamos con mucha libertad en ese sentido. Para mí lo importante es que se cumplan los plazos y que el trabajo salga adelante, y desde mi experiencia puedo decir que esta fórmula de libertad horaria funciona.

¿Es mejor comenzar la jornada con las gestiones cotidianas o con las más complejas porque de buena mañana se está más fresco?

Yo necesito ir despertando mi mente de forma más mecánica. Lo primero que hago cuando me levanto es leer el correo, anotar tareas pendientes, hacer llamadas… En definitiva, tareas rutinarias. Esto suele tomarme una hora de media, y para mí es una rutina fundamental que me ayuda a tener la cabeza ordenada y a organizar el trabajo que me espera cada día. Sin esta organización yo no podría funcionar. Después llega el momento de abordar tareas más complejas que pueden llevarme el resto del día, y que intento comenzar o retomar en horario de mañana. Me siento muy bien si me voy a comer habiendo arrancado parte del trabajo más complejo.

¿Es imprescindible tener una actividad física u otro hobby para desestresar? ¿Cuál es la suya?

Definitivamente, sí. La mente necesita parar y airearse, y la actividad física es un gran aliado en esto de la desconexión. Yo practico pilates y salgo mucho a caminar, y cuando no lo hago me siento mucho más estresada. Cuerpo y mente están íntimamente relacionados y hay que ejercitar ambos. Y también disfruto de otros hobbies que me ayudan a salir de la rutina del trabajo como tocar la batería, hacer películas de animación por ordenador, hacer de *webmaster* o salir a comer algo rico con los amigos.

¿Cuándo practica deporte: antes de ir al despacho o al acabar la jornada?

Yo prefiero hacerlo al acabar la jornada. Siempre he tenido la necesidad de ponerme a trabajar nada más empezar el día, y si no lo hago tengo la sensación de estar perdiendo el tiempo. Hacer deporte después de la jornada laboral me ayuda a poner punto y final al trabajo diario y a desconectar la mente. Gracias a eso llego a casa por las tardes mucho más relajada.

Cuando ha acudido a otros países a hacer formación o investigación, ¿hay hábitos que le hayan chocado o que haya podido incorporar a sus equipos a su vuelta?

En general, los grupos de investigación internacionales con los que he tenido la suerte de colaborar tienen hábitos similares a los míos. Aunque podría mencionar dos cosas diferenciadoras: comen mucho más temprano (sobre las doce del mediodía) y se van antes de la oficina. En algunos casos es obligatorio que fichen al salir y no está bien visto que alguien se quede más tiempo trabajando, eso es síntoma de ineficiencia. Creo que es bueno incorporar estas medidas, ayudan a cosas tan importantes como la conciliación familiar. En mi caso, suelo organizar el trabajo con mis compañeros de manera que no haya reuniones ni otros compromisos después de las cinco, para que sea una elección más personal la de quedarse trabajando hasta más tarde.

¿Está dispuesta a prescindir de los mensajes de trabajo durante el fin de semana? ¿Practica el bloqueo o prefiere estar siempre conectada?

Yo siempre estoy conectada, salvo por la noche. Hace años descubrí que me alteraba mucho recibir correos por la noche y que era incapaz de desconectar y no responder. Hasta que un día decidí apagar el móvil al irme a la cama. Fue la mejor decisión. Los fines de semana tengo el correo operativo, pero intento no responder a nada que no sea urgente hasta el lunes.

Warren Buffett considera que hay que decir «no» a la mayoría de las peticiones porque restan un tiempo muy valioso… ¿No tiene reparos en practicar esta costumbre?

Me cuesta muchísimo decir que no, aunque reconozco que es un deporte muy sano. De un tiempo a esta parte he tenido que descartar con más frecuencia propuestas laborales y también de ocio, porque llega un punto en el que el agotamiento te impide disfrutar del trabajo y de la vida social. Te das cuenta de que decir «no» es muy liberador y que el mundo no se acaba por eso, pero en mi caso lo que me sale de forma más natural es el «sí».

Koldo Echebarría es doctor en Derecho y licenciado en Economía por la Universidad de Deusto. Ha ejercido buena parte de su carrera en el Banco Interamericano de

Desarrollo, donde ha implementado programas para Chile y para la reconstrucción de Haití.

Ha sido consultor de la Comisión Europea y de la OCDE, entre otros organismos internacionales. También impulsó programas de colaboración en la gestión pública, como el que ESADE mantiene con la Universidad de Harvard. Actualmente es director de ESADE, una de las escuelas de negocios españolas más reputadas a nivel internacional, reconocida entre las cinco primeras por *The Wall Street Journal* y el *Financial Times*.

Desde su creación en 1958, han pasado por el centro unos 50.000 alumnos de más de cien nacionalidades. Por los pasillos de la escuela, donde los carteles anuncian INSPIRANDO FUTURO, se puede reconocer a directivos de empresas tan destacadas como Hewlett Packard, Danone, Procter & Gamble o Nestlé.

El objetivo de Koldo Echebarría al asumir la dirección de ESADE es que alumnos y profesores no se mantengan en una burbuja, sino que creen impacto cuando tengan que desarrollar su trabajo.

Como la mayoría de los referentes en sus respectivas profesiones, no quiere oír hablar de fórmulas mágicas para el éxito, ni siquiera de costumbres estándar que se puedan traspasar, como se deduce de sus respuestas a las cuestiones planteadas para este libro:

¿Es imprescindible madrugar para tener éxito?
La experiencia dice que no. Hay personas con éxito con costumbres horarias muy diferentes. Distintas personas

encuentran estructuras de trabajo efectivas en horarios diversos.

¿Cuál es la hora óptima para levantarse y comenzar la actividad?

En mi caso, suelo levantarme temprano, a eso de las seis y media, y dedico un tiempo a revisar correspondencia, informarme sobre la actualidad y ver mi agenda para conectarme con lo que me espera. Salir disparado de la cama a la primera reunión afectaría negativamente a mi estado de ánimo.

¿Considera positivo dejar para el fin de semana algunas cuestiones de trabajo que no se resuelven en el día a día?

En general, no lo hago. Trato de descansar y divertirme con mi familia. Eventualmente, puedo reservar alguna lectura inspiradora si anticipo que voy a pasar tiempo a solas.

¿Cree que llegar al despacho antes que el resto de los empleados ayuda o los agobia?

Procuro llegar un poco antes de que empiece mi primera reunión, básicamente para asegurar puntualidad y cierta preparación. Nunca he gestionado mis horarios para generar percepciones positivas o negativas entre mis colaboradores. Tampoco me interesa lo más mínimo quién llega pronto o tarde. Lo que sí que espero es puntualidad en las citas planificadas y que se tenga la tarea preparada.

¿Es mejor comenzar la jornada con las gestiones cotidianas o con las más complejas, porque de buena mañana se está más fresco?

Las cuestiones complejas requieren frescura de mente, pero también una disposición anímica equilibrada y, sobre todo, tiempo para pensar. Intento proteger ese espacio en mi agenda y, si mi estado de ánimo no es óptimo, suelo aplazarlo. Uno de los problemas más graves de la función directiva es que expulsa la reflexión y, sin ésta, no es posible la innovación. Muchos directivos no son conscientes de esta patología; es más, dedicar tiempo a pensar (no en la ducha) les parece un lujo.

¿Es imprescindible tener una actividad física u otro hobby para desestresar? ¿Cuál es la suya?

Creo que es muy saludable y ayuda al equilibrio emocional. Trato de ir al gimnasio varios días a la semana, practico deporte en familia el fin de semana y, de vez en cuando, encuentros con amigos y alguna actividad cultural. También, llevo siempre conmigo un libro que voy leyendo en tiempos muertos.

¿Practica deporte antes de ir al despacho o al acabar la jornada?

Lo ideal para mí es al mediodía. Me permite hacer una pausa en mi trabajo. Al mismo tiempo, trato de comer ligero y me gusta almorzar en mi despacho una ensalada con algún profesor, sin agenda, para conocer lo que están haciendo y nutrirme con sus muchas y buenas ideas. Éste es uno de mis mejores momentos del día.

¿Está dispuesto a prescindir de los mensajes de trabajo durante el fin de semana? ¿Practica el bloqueo o prefiere estar siempre conectado?

Prefiero permanecer conectado y disponible en caso de que alguien me necesite. Procuro no molestar a mis colaboradores salvo si hay una urgencia que lo haga imprescindible. Desde luego, nada de compartir ocurrencias de fin de semana o formular encargos súbitos.

El liderazgo parece que comporta fuerza de voluntad. ¿Alguien que «procrastina», a pesar de todo, puede ser un referente en su profesión?

El liderazgo comporta más coherencia de propósito y acción que fuerza de voluntad. No hay cosa más terrible que la intensidad sin propósito o con propósitos equivocados e inmorales. Procrastinar puede ser una técnica efectiva, una de las muchas frecuencias que debemos saber sintonizar. El problema es acertar cuándo. Como suele decirse, hay que saber identificar los problemas que se resuelven solos y los que es mejor dejar que se pudran. El problema es procrastinar en toda circunstancia. Esto, por ser cierto, no es necesariamente un problema de voluntad, puede revelar aversión al conflicto u otros déficits de autoridad.

Warren Buffett considera que hay que decir «no» a la mayoría de las propuestas que nos llegan porque roban tiempo. ¿Alguna técnica para decir «no»?

Creo que si pensara lo mismo que Buffett me estaría dando más importancia de la que tengo y quitando importancia a mis colaboradores. En general, mi experiencia es que recibo buenas propuestas cuando yo mismo he hecho un buen trabajo compartiendo mis expectativas. En general, estimulo que me hagan propuestas y, si alguien pide verme con alguna urgencia, hago un hueco con rapidez y sin preguntar. Creo que la mejor técnica para decir que no, en la inmensa mayoría de los casos, es expresar de manera directa y comprensible las razones que tenemos.

«La solución está en el origen.» Éste es el principio que en 2012 movió a Ousman Umar, fundador de la ONG NASCO Feeding Minds, a crear aulas de informática en su país de procedencia, Ghana, para fomentar la educación digital de niñas y niños y que, con formación e información, alimentando su mente (*feeding minds*), puedan contemplar lo que pasa en la otra punta del mundo sin arriesgar su vida, como le ocurrió a él. Desde la creación de la ONG han llevado a cabo más de 11.000 formaciones, no sólo orientadas a los menores; también se intenta dotar a los docentes de herramientas para optimizar la enseñanza a través de internet.

En 2017 la ONU premió la iniciativa en una ceremonia en la que el organismo especializado en Telecomunicaciones de Naciones Unidas reconoció a NASCO entre los cinco mejores programas del mundo, de los 3.000 presentados.

Ousman Umar estudió Relaciones Públicas y Marketing en la escuela de negocios ESADE y después un máster en Dirección de Cooperación Internacional, y todo esto con el hándicap de haber llegado a nuestro país con diecisiete años como MENA (menor no acompañado), sin conocer nuestro idioma y sin apenas saber leer y escribir. Hoy habla perfectamente castellano, catalán, inglés, árabe y varias lenguas locales de Ghana. Explica la experiencia educativa que está implantando en su país allí donde le requieren, desde el Mobile World Congress, invitado como emprendedor social, hasta universidades españolas o de otros países, y en empresas en las que intenta conseguir colaboración.

Ha escrito *Viaje al país de los blancos*, un libro en el que recoge su experiencia vital, más con el ánimo de llamar la atención sobre la situación insostenible de los que salen de su hogar para encontrar el paraíso en el primer mundo que para relatar su exitosa integración en la sociedad de acogida.

Cuenta Umar que cuando era niño, en su pequeña aldea natal de apenas cien habitantes, Fiaso, soñaba con conocer a esos sabios hombres blancos capaces de construir un avión o un gran barco. Dejó su hogar con diez años para trabajar como aprendiz en un taller mecánico a cambio de la manutención. Antes tuvo el privilegio de asistir a la escuela, caminando siete kilómetros cada día, donde recibió una rudimentaria educación. Privilegio porque su padre, chamán de la etnia wala, se lo permitió. Al igual que le dejó partir como un destino inevitable. A los trece años se puso en manos de una mafia que lo abandonó junto a otras 46 personas en medio del desierto. Sólo seis llegaron a Libia, donde transcurrieron cuatro años de su corta existencia entre penalidades. De nuevo se dejó engatusar por unos traficantes de personas a los que pagaron para que les facilitaran los materiales para construir una patera que los llevó hasta la isla de Fuerteventura. No todos llegaron y, en su caso, aún no entiende cómo pudo mantenerse a flote. No sabía nadar cuando cruzó el Atlántico y hoy sigue teniendo esa asignatura pendiente. Es comprensible que, a pesar de su espíritu de superación, no tenga una buena relación con el agua.

Las pruebas óseas que le practicaron en el CIE (Centro de Internamiento de Extranjeros) al que fue a parar demostraron que era menor de edad. A los diecisiete años pasó a convertirse en un MENA en la ciudad de Barcelona, adonde llegó por azar. Sin conocer la lengua, con una rudimentaria formación, pasó más de un mes en la calle, hasta que el destino le puso en manos de Montserrat, la que hoy es su madre de adopción, que le llevó a la casa en la que había criado a sus tres hijos, ya mayores. Allí supo lo que era una cama, un hogar, y conoció a una persona bondadosa. Le propuso que trabajara de mecánico en el taller de bicicletas Brompton, puesto que tenía conocimientos de mecánica. Montserrat era consciente de que cuando alcanzase la mayoría de edad necesitaría un contrato de trabajo para poder permanecer en el país. Así se pagó el graduado escolar, el bachillerato y el acceso a la universidad. Y también la matrícula en la escuela de negocios ESADE.

«Ahora ya sé que la inteligencia no tiene color. No es magia el progreso de los blancos, es formación», dice.

Luchó para que su hermano no vendiera las gallinas y las cabras para seguir sus pasos. Le pagó la carrera de Ciencias Políticas en Ghana y hoy enseña orgulloso en qué se ha convertido: es un empresario que ha creado una plataforma digital para hacer pagos por el móvil. Antes ya fue un referente del mundo universitario como presidente de la Unión de Estudiantes de Ghana.

El ejemplo de su hermano reafirmó a Umar en que hay que invertir en la formación de la gente de ese país para que no quieran marcharse. Los primeros 45 ordenadores que llegaron a esas aulas a las que hoy tienen acceso una veintena de escuelas en Ghana los consiguió con su propio dinero, 12.000 euros, y el aval de dos amigos. Luego se embarcó en un proyecto de responsabilidad social corporativa con empresas que cada cinco años renuevan su equipamiento informático y que ellos aprovechan. También han creado una cooperativa en la que las mujeres fabrican miel para poder sufragar la escuela de sus hijos.

Entre los estudios y la ardua tarea de obtener fondos para su ONG, hablarle de tiempo libre es casi una ironía. Pero dice que siempre encuentra un hueco para jugar al fútbol. La bicicleta, una Brompton, por supuesto, le sirve no sólo como medio de transporte en la ciudad, también le ayuda a mantenerse en forma.

Admite que no es madrugador, aunque no se levanta después de las ocho de la mañana. Si un experto en cronobiología tuviera que etiquetarle, no dudaría en situarle entre los búhos, los que rinden más de madrugada. Por la noche prepara sus charlas, proyectos y responde e-mails. Tiene la costumbre de dejar los correos que escribe en la bandeja de salida hasta una hora prudencial de la mañana siguiente. Dice que no quiere presumir de ser más trabajador que nadie.

No tiene televisor, pero a menudo se queda dormido viendo en el portátil documentales sobre los grandes genocidas de la historia. Le interesa especialmente lo que sucedió en la Segunda Guerra Mundial. Quiere entender cómo funcionaba la mente de personajes tan crueles como Hitler, capaces de cometer exterminios a gran escala.

Las redes sociales son parte de su estrategia de visibilización de NASCO, la ONG que dirige. Pero no le gusta ser proactivo en Twitter, y está dejando Facebook para centrarse en Instagram.

A los treinta años cree que todavía le falta aprender a decir «no» a muchas de las propuestas que le hacen: «Me gusta dar y compartir, pero soy consciente de que eso le resta tiempo a la gente que quiero».

Mientras, trabaja incansablemente para alcanzar su sueño: «Conseguir que Ghana se convierta en el Silicon Valley de África».

6

Los líderes del futuro ya están aquí

> Estoy convencido de que lo único que separa a los emprendedores con éxito de los que han fracasado es la perseverancia.
>
> STEVE JOBS

Es una generación que ha crecido sin complejos, pero desde la humildad. Tanta que a menudo desconocemos que, ya desde la adolescencia, algunos de nuestros estudiantes ganan premios internacionales y tienen madera de emprendedores con visión de futuro.

Joel Romero es un ejemplo claro. En 2017, con dieciséis años, recibió un premio de la NASA por un prototipo de humanoide capaz de explorar Marte sin poner en riesgo la vida humana. En la competición participaron 1.800 estudiantes de todo el mundo, la excelencia de la excelencia, que tuvo lugar en la Feria Internacional de Ciencia y Tecnología Intel, en Los Ángeles.

«Más que el humanoide, lo que la NASA premió fue el desarrollo de toda la arquitectura del sistema», puntualiza Joel Romero. El proyecto incluye un robot de exploración con múltiples sensores y sistemas de comunicación en tiempo real para el control de las máquinas por parte de las personas. El gran mérito que reconocieron los expertos del jurado fue que partiendo de 0 pudiera conseguir todos los programas y hacer cálculos sobre las órbitas necesarias para llegar a Marte.

El prototipo tenía el valor añadido de haber sido construido con materiales *low-cost*: un motor chino de apenas tres euros y una impresora 3D; lo que sorprendió al jurado de la NASA fue que alguien con nula formación superior aeroespacial pudiese haber planteado e integrado todos esos sistemas con tan pocos recursos.

La beca Joves i Ciencia de astrofísica, que concede la Fundació Catalunya-La Pedrera, le permitió un doble éxito: le dio acceso a competir por una plaza en el MIT y, paralelamente, el proyecto fue seleccionado para la feria de ciencia Exporecerca, que le permitió ir a Los Ángeles con el proyecto que premió la NASA.

En el Massachusetts Institute of Technology, MIT, tuvo la oportunidad de compartir experiencias durante seis semanas con otros menores de 18 años como él: en total, 80 estudiantes, 50 estadounidenses y 30 internacionales, algunos procedentes de culturas con las que habitualmente no tenemos relación.

En su valoración, esa amplitud de miras que te proporciona conocer a personas que provienen de China, Corea, Australia o Arabia Saudí, pero con la misma pasión por aprender, le dejó una huella indeleble.

Silvia Casacuberta opina lo mismo. Compartieron estancia en el MIT, ambos un par de meses antes de cumplir los diecisiete años y de comenzar el último curso de bachillerato.

Asistir cada tarde a la conferencia de un profesional que los animaba a explorar distintas ocupaciones en el futuro fue otro incentivo de la experiencia. Y a su edad, la flexibilidad de horarios, en un intento por inculcarles responsabilidad, fue otra cosa novedosa.

A pesar de la percepción que tenemos de que los norteamericanos se levantan al amanecer, en el centro de mayor prestigio del mundo, las actividades no se programan temprano. Pero hay algo en lo que son inflexibles: la puntualidad y la escucha activa. Llegar tarde cinco minutos se penaliza, y echar una cabezadita durante una conferencia es algo que el supervisor no pasa por alto.

Cómo influye la familia

Silvia y Joel provienen de escuelas y ambientes diferentes. Ninguno está diagnosticado como superdotado ni han acudido a un centro de alto rendimiento, pero si algo tienen en común es la motivación que les ha transmitido su familia.

En el caso de Joel, su padre es ingeniero y profesor de instituto y su madre es psicóloga.

El padre de Silvia es matemático y su madre es médico. Además, sus progenitores también han incentivado su vena artística. Ambos tocan el piano y el violín en orquestas distintas.

Silvia practica atletismo y Joel llegó a juvenil en natación.

Por muy motivados que estén, ¿de dónde sacan el tiempo estos chicos? Ahora ya son universitarios, y se niegan a aceptar que la hiperespecialización sea absoluta y los aparte del arte o de otros intereses. «Todo está conectado», aseguran. Creen que cuando algo te interesa, sacas el tiempo para conseguirlo.

Dudar es de sabios

La madurez de Joel y Silvia para plantearse retos que a otros adolescentes les resultarían inalcanzables no implica que perciban su carrera como un objetivo monolítico. Nada más regresar del MIT, Joel confesaba a Julia Otero en su programa de Onda Cero que no sabía si continuaría por la vía de la aeronáutica o si estudiaría cómo aplicar la tecnología a la medicina, porque lo que más le gustaría «es contribuir a hacer más fácil la vida de las personas aquí y ahora». Silvia tiene claro desde hace tiempo que las matemáticas son su futuro, aunque no descarta dedicarse al mundo de la empresa en lugar de a la investigación, como hicieron algunos de los antiguos alumnos del MIT que les dieron charlas durante su estancia.

La conciencia social es otra de las características de aúna

a Joel y Silvia en su trayectoria. En el caso de Silvia, ha ideado una app que permite conseguir ayuda solidaria a personas sin techo.

En el terreno universitario, Joel Romero ha escogido Ingeniería Biomédica en la Universidad Pompeu Fabra de Barcelona. Con su currículum podría haber accedido a centros de referencia en otros países, pero reivindica que la universidad española ha ganado mucho en calidad y que, si eres proactivo, hay muchas actividades en las que participar. Además, hay conferenciantes internacionales que acuden al centro o a la ciudad.

Silvia Casacuberta está estudiando en Harvard, donde sólo un 5,9 % de los que aspiran a ingresar en el centro lo consiguen. Entre los antiguos alumnos están los presidentes Obama y Kennedy y, más recientemente, los referentes tecnológicos Bill Gates y Mark Zuckerberg. Hasta el año que viene no tiene que decantarse por una carrera, pero ya está orientada hacia Matemáticas y otra complementaria de *Computer Science*.

Una de las actitudes que más le ha sorprendido positivamente es la proactividad de los alumnos: «La gente se espabila para mandar correos a centros de investigación para colaborar con ellos o para participar en clubes». Sólo en su universidad hay 500 que tienen actividades con impacto real. Entre ellos, Silvia destaca uno que se ocupa de los sin hogar. Ella misma participa en un grupo que colabora con una escuela de Uganda para ayudarlos a construir baños en una escuela donde sólo hay cinco sanitarios para

400 chicas. Consiguen financiación, hablan con ingenieros… Una actitud dinámica de personas que quieren, como ella, «cambiar tu alrededor haciendo lo que te gusta».

Silvia siempre ha sacado buenas notas, pero para ella no son lo más importante: «Es más valioso cambiar las cosas que memorizar un capítulo, la actitud por encima incluso del talento, que también es necesario».

La excelencia y el estrés no tienen que ir de la mano

Una diferencia con respecto a los centros españoles que destaca Silvia Casacuberta es la preocupación de la universidad por el bienestar personal y la salud mental de sus alumnos, «algo que en España nunca se mencionaría». Desde el primer día, les ofrecen recursos sociales y talleres sobre la importancia de dormir bien y posibles trastornos mentales.

Otra de las enseñanzas que ha recibido en el primer trimestre en Harvard es que no hay que matarse a trabajar. «Si no, vamos todo el día estresados y agobiados por el trabajo, parece que no trabajamos lo suficiente. Aquí me he dado cuenta de que la excelencia y el estrés no van de la mano. En Barcelona iba corriendo a todas partes, y aquí he conseguido una vida más equilibrada», confiesa Silvia.

Y añade: «Aprender a organizar el tiempo es clave: te enseñan a mantener un esfuerzo continuado, ya que el examen final supone el 30 % de la nota y mucho más los deberes semanales. También te enseñan el valor de la multidisciplinariedad. No hay ninguna asignatura obligatoria. Cada estudiante se construye su camino, focalizándose en las asignaturas que le interesan más».

La canción de Pink Floyd «Another Brick in The Wall» sería el ejemplo que le viene a la mente para reflexionar sobre el peligro de uniformar saberes.

Primeras experiencias *low cost*

Con tan sólo quince años, Marc Abella ha presentado su primer corto, *Toque de queda*, con todo el apoyo de su entorno: la escuela de danza donde asiste a clase, el colegio donde cursa 4.º de la ESO y el ayuntamiento de su localidad, que lo ha presentado en el teatro principal como uno de los actos culturales del consistorio. Pero lo más valioso ha sido implicar a compañeros y amigos para que participen en esta primera experiencia audiovisual. Conciliar y trabajar en equipo son dos de sus fortalezas.

Como en el caso de Joel Romero, uno de sus objetivos era conseguir que la producción fuera de bajo coste. Concretamente, Marc lo consiguió a coste cero, porque todo lo ha obtenido gratis, incluido el material audiovisual que necesitaba para grabar. Sin contactos previos, con su capacidad de convicción, logró que varias empresas le cedieran el material técnico, después de enviarles un e-mail explicando su proyecto.

Marc Abella se puso ante las cámaras como actor a los once años, después de resultar ganador en un concurso en el que buscaban actores infantiles para *Violeta*, una serie muy popular en Disney Channel. A los doce años apareció en la exitosa serie de RTVE *Carlos, Rey Emperador*.

Su paso al otro lado de la cámara ha sido un proceso de búsqueda de nuevos retos en un tiempo de experimentación.

Aunque nadie de su familia está vinculado con el mundo de la interpretación —su madre es directora de un centro de enseñanza primaria y su padre dirige un centro deportivo—, le apoyaron desde pequeño porque le vieron aptitudes.

Las buenas notas y la gestión del tiempo para hacer realidad sus ilusiones es otro rasgo común con Silvia y Joel. Se levanta a las siete de la mañana, regresa a casa a las ocho de la tarde y aún le queda tiempo para sus proyectos personales, como la realización de guiones. Las once de la noche es su hora tope para acostarse.

Otro rasgo que comparte con los otros dos ejemplos de emprendimiento expuestos aquí es su espíritu sensible hacia los problemas de las personas aquí y ahora. En su corto *Toque de queda*, del que es responsable tanto de la dirección como del guion, tiene especial protagonismo un sin techo a quien Hugo, el niño protagonista, quiere proteger a toda costa.

Jaume Funes, psicólogo, educador y periodista, es autor de varios libros sobre la adolescencia, el último de ellos *Quiéreme cuando menos me lo merezca... porque es cuando más lo necesito*. De sus sentencias, la que más me ha impactado es: «El adolescente no es un problema, tú (padre, madre, maestro) tienes un problema si no le comprendes», porque transmite una percepción constructiva de una etapa de la vida tan rica y a la vez tan denostada. Su generosa aportación a este capítulo de jóvenes emprendedores sitúa en su justa medida qué podemos esperar de ellos.

El buen adolescente

Cuando educamos a los hijos imaginamos cómo nos gustaría que fueran, y mezclamos sus proyectos de vida (que algún día tendrán) con los nuestros. Solemos incluir, en dosis diversas, cierto ideal de éxito. Elucubramos sobre los resultados de excelencia que tendrían que alcanzar para hacernos felices. Van creciendo y un día se hacen adolescentes. Entre las crisis, el ideal imaginado corre el riesgo de venirse abajo. Parece que la vida buena que habíamos soñado ya no es compartida.

Socialmente, colectivamente, solemos hablar de los adolescentes y su mundo con discursos en los que predomina el problema, los desastres, el futuro en negativo. Y parte de las quejas de los profesionales que están a su lado insisten, de manera reiterativa, en que los medios de comunicación no hablan en igual proporción de chicos y chicas adolescentes que tienen vidas excepcionales.

Las vidas adolescentes que se describen en este libro son bastante excepcionales. Sin embargo, no son una rareza. Hay muchas vidas adolescentes con éxitos espectaculares y triunfos silenciosos. Como solemos mirarlos poco, no los vemos. Pero sería tan sencillo como intentar saber más sobre lo que escriben, la música que crean, los relatos visuales que editan, sus discursos de youtubers, sus prácticas solidarias (muy lejos de nuestra beneficencia de adultos), sus revoluciones contestatarias contra el orden establecido... No son personas adultas. Nosotros nos hicimos mayores y dejamos de hacer lo que ellos.

Los adultos (madres, padres, educadores), cuando nuestros hijos se van haciendo adolescentes y tienen cosas de adolescentes, acabamos atrapados en dos grandes incertidumbres. Por un lado, ¿qué es «normal» en un adolescente?, ¿qué podemos esperar de ellos y ellas? («Todo el día está encerrada investigando no sé qué»; «No para en casa y los pies parece que le llevan a la calle») Por otro, ¿cómo puedo garantizar que sus aventuras acabarán bien y será la chica o el chico que imaginé? («Si ahora pierde el tiempo, luego lo pagará»; «Es muy responsable, pero no sé si será feliz»)

Convendría no situar la mirada, el objetivo, en la excepcionalidad. Para mirarlos de una manera sensata y útil debemos hacernos a la idea de que en la adolescencia hay diversidad, que nuestra hija o hijo no se echará a perder por convivir con quienes parecen no ser como ella o él. Cuando comparten aula con alguien a quien no le entusiasma estudiar (algo que les puede pasar a todos), descubren que vale la pena saber más, aprender más, pero no seguir siendo un empollón. Necesitan ser diversos y descubrir lo bueno de ser adolescente, llegar a ser joven. Somos nosotros, los adultos, los que enriquecemos o empobrecemos sus imaginarios de futuro, aquello que desean llegar a ser y aquello que la vida, su entorno social, les permitirá ser. Somos nosotros los que no los dejamos ensayar, tantear, equivocarse.

De toda la diversidad de adolescencias, ¿cuál es la buena, la que debemos hacer posible para nuestra hija o nuestro hijo? Además de diversa, la adolescencia es un cóctel con varios ingredientes en dosis distintas. Nuestra preocupación ha de ser que siempre estén los ingredientes esenciales. Luego, ellos y ellas añadirán y agitarán a su manera. Si miramos sólo determinadas excelencias podemos equivocarnos (ni el mejor adolescente es el estudioso responsable, ni los éxitos singulares suelen coincidir con un adolescente que acepta todo lo que le proponemos).

Necesitan una dosis de ganas de saber, de preguntarse por qué pasan las cosas, de descubrir qué han hecho los seres humanos a lo largo de la historia. Hace falta la correspondiente dosis de creatividad, de conocer la belleza, de saber expresar lo que sienten o les emociona. Todos los ingredientes han de estar bañados de interés por experimentar, de ganas de ser descubriendo. Su necesidad de pertenencia al grupo han de poder transformarla en la dosis de descubrimiento del otro, en conocer a otras personas para ser ellos y ellas. El cóctel del éxito no funciona si se olvidan de los demás, o si se da el padecimiento de otro. Las moléculas de su combinación son digitales, aunque el vaso siga siendo analógico. No hay cóctel posible sin el ingrediente abundante de la felicidad, de las necesarias experiencias de felicidad adolescente.

7

Empresarios. Un mundo poliédrico

> Elige un trabajo que te guste y no tendrás que trabajar ni un día de tu vida.
>
> Confucio

Ésta es la máxima que comparten empresarios de ámbitos tan diversos como la industria del plástico, la moda, la cocina o la música, cuyos testimonios recogemos en estas páginas.

Es probable que también la suscriban referentes de nuestro país cuando se habla de negocios y éxito: Amancio Ortega, fundador de Inditex; Juan Roig, presidente de Mercadona, o Ana Botín, presidenta del Banco Santander y una de las diez mujeres más influyentes del mundo, según la revista *Forbes*.

En el caso de los dos primeros, han hecho de la privacidad su bandera. A diferencia de los anglosajones, los responsables de prensa de ambos empresarios nos han transmitido que sus hábitos matutinos, sus pequeños trucos para llegar a liderar las listas de personas más ricas del mundo, no tienen por qué trascender y declinan hacer declaraciones en ese sentido. Una postura tan respetable como poco habitual fuera de nuestra cultura.

Ana Botín, heredera de la discreción que imperó durante la presidencia de su padre, Emilio Botín, ha optado por una vía intermedia. No concede entrevistas si no están relacionadas con su labor al frente del Santander, pero se ha abierto a las nuevas tecnologías.

Cuando en febrero de 2018 decidió abrir una cuenta en Twitter, el mismísimo Jack Dorsey, fundador de la red social, le dio la bienvenida en un tuit. En unas horas la cuenta de Botín ya tenía 10.000 seguidores, y con tan sólo siete tuits supimos más de su personalidad que en años de ejercicio profesional.

«He decidido usar Twitter para aprender de otros y compartir opiniones», escribió para justificar su incorporación a la red social. Y su perfil ya revelaba detalles que para cualquiera que estuviera familiarizado con la decodificación de mensajes no pasaron desapercibidos: «Creyente de las personas y del planeta. Apasionada de la educación», «Madre y esposa».

También descubrimos en esos tuits que le gusta el té para los recesos del trabajo y que practica yoga y meditación. Se levanta a las seis de la mañana y es una enamorada del jogging.

Respecto a sus opiniones personales, no siempre son de consenso, como cuando lanzó su manifiesto feminista, que levantó ampollas en algunos colectivos. Por el momento, ha sorprendido con fotos familiares en vacaciones e interactuando con otros internautas que le recomiendan algo tan cotidiano como una carnicería de pueblo, en un esfuerzo por mostrar cercanía.

En ese empeño también han creado tendencia sus lecturas de verano, que, como influencer, recomienda a los tuiteros que la siguen. Para aprender a relajarse, compartió *Leave Your Mind Behind* («Deja tu mente atrás») de Matthew McKay y Catharine Sutker; como feminista, para desmontar el mito de que las mujeres son débiles, *Inferior* de Angela Saini y, para tener un pensamiento claro del mundo y evaluar los hechos de una forma diferente, *Factfulness*, de Hans Rosling, a modo de ejemplo.

Con todo, hay detalles de su vida que ya habían trascendido a través de sus amistades tiempo atrás. En un reportaje de la revista *Vanity Fair*, personas de su entorno recordaban que odia perder el tiempo en reuniones y habla con titulares. Definían a esta mujer, formada a conciencia en las mejores escuelas de negocios del mundo y que domina cinco idiomas, como una máquina de absorber información y combinarla para obtener un buen resultado.

Se sabe que practica la equitación y es aficionada al golf. También ha trascendido su malestar cuando describen su vestuario en actos públicos, algo que podría interpretar, con razón, como que se banaliza su dimensión profesional.

De su paso por Twitter, quizá una de las intervenciones que más han sorprendido por su sentido del humor fue la respuesta ante el desafío que le lanzó en diciembre de 2018 David Broncano en su programa *La Resistencia*. Es pregunta habitual para los invitados al programa de televisión del humorista cuánto dinero tienen en la cuenta del banco. Alfredo, uno de los intérpretes del grupo musical Lori Meyers, confesó que sólo tenía 27,12 euros en la cuenta. Sin pretender respuesta, Broncano escribió en un tuit: «Hay que ayudar al indie, Ana Botín. Apoya a estos muchachos». Para sorpresa y satisfacción de Broncano, desde la cuenta personal de Ana Botín salió la jocosa respuesta: «Yo soy de música clásica. Aunque, como dice la canción de Lori Meyers, ¿tendría que reconocer que no tengo razón?».

Elizabeth Trallero es un claro ejemplo de empresaria centrada en el mundo de los negocios. Su formación y toda su trayectoria se focalizan actualmente en la empresa familiar, Congost, líder en el sector del plástico, y en la proyección de la mujer en la gestión de empresas a nivel internacional.

Economista y MBA por ESADE, habla siete idiomas, es vocal de la Asociación Española de Directivos, miembro de la Cámara de Comercio e Industria Francesa de Barcelona y de otras organizaciones del sector en el que opera. También es presidenta del European Women's Management Development Network (EWMD).

Imparte clases de gestión del tiempo en diversas escuelas de negocios y da conferencias en distintos países del mundo, algunos tan lejanos como Nueva Zelanda. Calcula que un 30 % de su tiempo lo emplea en gestionar negocios o dar conferencias fuera de nuestro país.

Eso no le resta tiempo para disfrutar de una vida privada sin complejos. Tiene tres hijos y está casada con el también empresario Juan Rosell, presidente de la CEOE de 2010 a 2018.

El estilo de vida personal y profesional de Elizabeth Trallero es en sí mismo un manual de optimización del tiempo.

Confiesa que está entrenada para asumir el estilo de gestión americano: «Cantidad y calidad de horas de trabajo bajo presión, pero sin estrés».

Considera que no hay un líder que no madrugue y haga deporte: «Ambos ayudan a fomentar disciplina y método».

Se levanta alrededor de las siete de la mañana y se acuesta a las doce y media. En eso practica una costumbre que arrastran muchos españoles: duerme menos de la media. Nunca remolonea, «lo considero una falta de disciplina». Cuando suena el despertador no espera para levantarse.

Aunque siempre que puede hace ejercicio al mediodía (ella misma es entrenadora de aeróbic), restando el tiempo de una comida frugal, su deporte habitual es el balonmano, que practica desde la adolescencia. Cree que eso la centra en formar grupo.

Desayuna muy ligero y llega la primera al trabajo por convicción. Cree que es importante tener el trabajo preparado para cuando llegue el resto del equipo.

Aunque no tiene ningún inconveniente en contar sus hábitos, quizá por estar acostumbrada a viajar y relacionarse con CEO de empresas de todo el mundo, comenta: «Entiendo por qué los empresarios no quieren explicar sus costumbres. Cuando el negocio es tuyo, no se diferencia mucho entre lo personal y lo profesional». Y añade: «Y en nuestra cultura no quieren aparecer como víctimas si cuentan que, como en mi caso, trabajan doce horas al día». Eso sí, llega al final de la jornada «con la sensación del trabajo acabado. Si acaso, dos veces a la semana puedo llevarme excepcionalmente algún asunto a casa».

Dice que cuando se trabaja a caballo entre varios países, tener la ilusoria sensación de que el trabajo se puede conciliar con un horario fijo es no ser realista.

El fin de semana no desconecta del todo, se dedica a planificar estrategias «porque es el mejor momento para pensar». Frente a lo que recomiendan algunos coaches y los manuales de autoayuda, Elizabeth Trallero dice que «no desconectar es bueno si disfrutas con tu trabajo. Tienes que estar siempre en primera línea».

En sus conferencias sobre gestión del tiempo resalta que las personas que apenas se preocupan por el control del tiempo en la oficina aún lo administran peor en casa. Asegura que algún empresario a quien ha impartido sus cursos le ha agradecido ese cambio de chip.

El orden, especialmente el mental, es una de las habilidades de Elizabeth Trallero. Cada cosa *just in time*, asegura. Sus jornadas las divide entre actividades estratégicas, tácticas y operativas.

Cada tres horas para, pero no soporta que la interrumpan. «La empresa no es el cole y yo no soy la profe», les dice a sus empleados. Algo que aprenden nada más entrar en su equipo. En sus clases para empresarios recalca que «el tiempo que requiere una tarea crece en proporción al número de veces que la hemos interrumpido y reanudado. Hay que aprender a estructurarse. Frenar y arrancar hace perder mucha energía».

En la práctica lo cumple a rajatabla. El teléfono es otra de las contingencias que controla con mano de hierro. Sus amigos y conocidos saben que no va a contestar en horas de trabajo para comentar algo que no sea laboral. Quienes la quieren, aceptan que sólo atienda llamadas y mensajes personales a partir de las siete de la tarde y nunca después de las diez de la noche.

No tiene WhatsApp, Facebook ni Instagram, lo considera una distracción innecesaria. En cambio, siempre está conectada con su iPad y tienen el correo electrónico operativo.

Los fines de semana descansa, disfruta de la familia y su siesta es sagrada.

Su equipo sabe que está disponible «24/7», pero fuera del trabajo, aunque tenga todas las alarmas conectadas, sólo es para temas importantes. Ella tampoco molesta a ninguno de sus empleados de las seis de la tarde a las ocho de la mañana o los días de fiesta.

Pone en práctica lo que enseña a otros empresarios y ejecutivos, y cada vez que una persona entra en su equipo la tutoriza y se vanagloria de que en tres meses ha ganado una hora de operatividad.

Su máxima de cabecera es de Aristóteles: «Somos lo que hacemos repetidamente. La excelencia, entonces, es un hábito».

En 1993, Lorenzo Caprile se convirtió en empresario cuando abrió un taller de costura en Madrid especializado en moda nupcial y de ceremonia, con un estilo clásico que fue alabado por el maestro Manuel Pertegaz.

Ahora los jóvenes aprendices recogen sus consejos en el programa de TVE *Maestros de la costura*, que le ha dado mayor popularidad, aunque siempre ha sido una persona próxima que relativiza sus éxitos.

En 2004, el vestido rojo que lució la entonces futura reina de España, Letizia Ortiz, durante la boda de Mary y Federico de Dinamarca se convirtió en un icono.

Aunque nació en Madrid, su ascendente italiano (es nieto de un empresario que se instaló en nuestro país) ha influido en su formación. Estudió en el Fashion Institute of Technology de Nueva York y en el Politécnico Internacional de la Moda de Florencia, ciudad en la que además consiguió un grado en Lengua y Literatura Españolas por la universidad florentina.

Desde 2012 diseña el vestuario de la Compañía Nacional de Teatro Clásico.

Multipremiado, uno de sus galardones más relevantes es la Medalla de Oro de las Bellas Artes de 2014.

Si Steve Jobs decidió simplificar su vida vistiendo siempre el mismo jersey de cuello alto, Caprile dice que vivir en un hotel, desde hace diez años, es la mejor decisión que ha tomado para hacer más sencilla su cotidianidad. Nunca está solo, pero respetan su privacidad. Además, está tan cerca de su taller de costura que cada mañana puede llegar caminando. «Es una experiencia que no cambiaría por nada», afirma.

No presume de voluntad férrea, pero se levanta a las siete y media sin necesidad de despertador. Su reloj natural nunca le falla. Después no perdona el gimnasio antes de ir al taller.

Aunque intenta seguir rutinas en el trabajo, no se estresa por los detalles. A veces llega antes que el resto de los trabajadores pero, cuando no es así, lo que sí procura es que nunca sea después de las diez de la mañana, salvo que tenga planes extra. Según el tramo del año, el taller tiene más o menos actividad, pero siempre hay en torno a una docena de colaboradores.

Intenta cuidarse, «porque la vida social a la española es muy poco propicia a coger el sueño después de una cena copiosa». Antes de dormir lee en la cama. Y su formación literaria no le impide leer un poco de todo.

Es de los que consideran que cuando tienes una empresa trabajas veinticuatro horas. Su manera de minimizar riesgos y no entretenerse con temas que no son importantes es conservar un teléfono que muestra con orgullo. Aunque cueste creerlo, su aparato ya es historia y no está conectado a internet, y por supuesto no tiene WhatsApp. Estrictamente sirve para llamar o ser localizado por su equipo.

Las ideas, dice, se le acumulan y le surgen en cualquier momento. Por eso practica lo que en su familia se llama «recado de escribir», es decir, que tiene papel y bolígrafo siempre a mano. En una conversación de una cena le puede surgir un personaje o una idea para investigar: «Si las ideas están revoloteando, hay que ir muy rápido para cazarlas».

En su estrategia empresarial cree que es fundamental relacionarse, y también algo que él considera imprescindible y que se practica poco en nuestro país: «Hay que agradecer. A ti te gratifica y también es una inversión a largo plazo. Nunca sabes si esa persona que empieza y te hace una buena crítica no se convertirá en jefe de sección algún día».

No tiene empacho en reconocer que es muy supersticioso, pero eso no influye en su carrera. Como amuleto, en 2019 lleva uno que le han regalado unos amigos: el cerdito de la suerte que caracteriza este año en el calendario chino.

Cuando nada más acabar la carrera, a principios de los años noventa, Silvia Sanz Torre comprendió que no le iban a dar trabajo como directora de orquesta sin tener experiencia previa y que eso no sería posible sin una primera oportunidad, decidió crear en 1996 su propia empresa, el Grupo Concertante Talía. Los socios del momento «nos lo tomamos como esos jóvenes informáticos que se montaban un servicio técnico», sólo que el Grupo Talía tiene la música como dinamizador social.

Actualmente, Silvia Sanz es la única mujer directora titular con temporada estable en el Auditorio Nacional de Música de Madrid, donde ha dirigido más de 150 conciertos, y el Grupo Concertante Talía, que también dirige, ha sido declarado Entidad de Utilidad Pública por el Ayuntamiento de Madrid. La Orquesta Metropolitana de Madrid y Coro Talía, que actúa en el Auditorio Nacional, así como la Madrid Youth Orchestra y la Orquesta Infantil Jonsui integran este centro que además realiza actividades y ciclos pedagógicos para que padres, hijos y abuelos puedan disfrutar de un espectáculo en común.

Sus veinticuatro horas del día parece que se multiplican con tanta actividad, porque además de su labor pedagógica y creativa también se encarga del aspecto más «prosaico» de la entidad: la gestión económica.

«Ahora que ya me conocen y me pueden hacer ofertas interesantes, no puedo dejar pasar una oportunidad», dice. Por eso en su orquesta nadie se extraña de que el móvil siempre esté encendido en el atril mientras ensayan, o de que, si es necesario, se lo pase a alguno de sus músicos de confianza para no tener ninguna llamada perdida.

Madrugar no le parece una prioridad a esta mujer que presume de ser muy organizada. «Me levanto sobre las ocho de la mañana, pero cuando más rindo trabajando y estudiando suele ser entre las once y media de la noche y las dos de la madrugada», explica.

Su cabeza es su mejor instrumento, pero necesita tenerlo todo por escrito: «Miro lo que tengo cerrado y lo que no se me puede olvidar y planifico al día, por semanas, meses, a un año vista».

Siempre come a la misma hora, aunque un poco tarde, a las tres, y necesita cuatro cafés al día para romper y volver a empezar. Las interrupciones, en su caso, no son un hándicap. Asegura que su cabeza es como el disco duro de un ordenador, donde guarda y actualiza todo lo que va sucediendo en distintas carpetas mentales. También hace limpieza de cabeza, tiene una buena preparación mental.

El deporte es su asignatura pendiente. En cambio, le gusta conducir, va en coche a todas partes, «porque me da tiempo a pensar, incluso a estudiar mentalmente una partitura».

Los de su profesión comparten una broma: «¡¡Por fin es viernes!! ¡¡Ay, no, que soy músico!!». Y ésa es su realidad desde que entró en la edad adulta. Para ella no hay festivos: «Cuando trabajo me siento bien, para mí es como si fuera tiempo libre». Eso no le impide compartir su vida con una hija adolescente y un marido compositor. Su hija también toca un instrumento de percusión, no será por casualidad...

Si el financiero Ray Dalio dice que hay que elegir entre disfrutar o trascender, esta directora de orquesta es capaz de conciliar ambas cosas. Su fuerte compromiso social le ha llevado a realizar proyectos en El Salvador y Venezuela, donde las orquestas juveniles son una alternativa a la violencia. En Etiopía consiguió que se celebrara un concierto de cámara, el primero en cuarenta años: «Allí adonde voy, lo que quiero es crear una semilla que luego puedan desarrollar por sí mismos». Toda una declaración de principios de esta profesional de la música que se relaja con música barroca: «Está construida de forma muy cuadriculada y eso me ayuda. Sobre todo Brahms».

Quique Dacosta luce con orgullo las cuatro estrellas Michelin que le han concedido en más de treinta años de oficio. Tres en su buque insignia de Dénia, el restaurante Quique Dacosta, y una más en El Poblet, ahora en Valencia, que le recuerda a su primer restaurante, en el que estableció los fundamentos de su cocina.

Cinco establecimientos en el Mediterráneo y una incursión en Londres, el Arròs, en valenciano, un guiño a su lugar de inspiración. Autodidacta como cocinero, el empresario confiesa: «No aspiro a hacer fortuna, sino a generar rentabilidad para que sean autosuficientes». Su aspiración ya se ha visto cumplida: «He creado modelos de negocio desde la creatividad que me han convertido en generador de conceptos».

Su trayectoria personal resulta inspiradora. Con sólo catorce años salió de Jarandilla de la Vera, Cáceres, donde llevaba una existencia sencilla ayudando a su abuelo en el huerto o a su abuela a hilvanar. A su padre, albañil, le costó mucho comprender que su hijo se marchara tan lejos para meterse en una cocina.

En realidad, su primera vocación de adolescente era hacerse DJ en Dénia, el pueblo costero donde su madre trabajaba de camarera. Fue ella la que no vio con buenos ojos ese ambiente para un menor de edad y sólo le permitió trabajar de camarero en el tiempo libre que le dejaban los estudios de bachillerato, que acabó en la población alicantina.

Empezó a trabajar en una *trattoria* y luego le llegó su gran oportunidad en el restaurante El Poblet, hoy el Quique Dacosta, que por entonces era el más reputado de la población.

Su escuela fueron los fogones y una incansable búsqueda de la excelencia que encontró en libros de cocina francesa y japonesa. Una inspiración que no tiene nada que ver con su cocina actual: «El 95 % de los ingredientes que utilizo hoy no estaban en la alta cocina cuando empecé. Mi trabajo es de complicidad con el territorio y de dignificación del producto y el productor».

Para él, lo bonito de su profesión es que «te permite aprender y mejorar siempre». A los dieciocho años se gastó sus primeros ahorros en visitar los que por entonces eran los templos de la gastronomía en nuestro país: Zalacaín, Akelarre, El Bulli… Un amigo conducía y dormían en el coche para reducir gastos. Un intenso viaje «que me permitió acercarme a mis sueños».

Durante años, su costumbre fue acostarse al amanecer. El creativo joven, rupturista, descarado, encontraba el mejor momento por la noche, cuando los clientes se han marchado y el mundo se detiene. Pero ese romanticismo ha dado paso ahora a la realidad operativa: «Cuando se tienen dos hijos (Noa y Hugo: lleva sus nombres tatuados en la muñeca, para que le acompañen en todo momento) hay que levantarse a las siete de la mañana».

El deporte forma parte de su vida: sale a correr y va al gimnasio. Incluso cuando viaja, se ejercita en el hotel. Y aclara: «No es para ponerme cachas, pero cuando estás en la cocina, tanto tiempo de pie y probando de todo, necesitas ejercicio. Vivo en un parque temático de la alimentación y, aunque es una actividad muy dinámica, hay que quemar. Pensar también desgasta».

Tiene la virtud de que se recupera enseguida de un mal día. Un revés en el servicio del mediodía lo resuelve en quince minutos con un paseo o un café. Se confiesa muy cafetero.

La alimentación espiritual, el arte, dice que lo practica en sus platos.

Pero lo sorprendente es cómo se toma el éxito una persona que vive con tanta intensidad su profesión: de todos los galardones que ha recibido, su premio más celebrado no son las cuatro estrellas Michelin, ni el Premio Nacional de Gastronomía, sino el Premio Bidasoa como mejor plato joven de cocina en 2001, que concedía la crítica y que «me permitió colarme entre los mejores».

En 2002 le llegó la primera estrella Michelin, «pero tuve la sensación de que llegaba tarde, era mi reivindicación, porque la tenían otros similares a los que le llegaron dos años antes». La segunda estrella fue en 2006 pero entonces no se celebraba con una fiesta; cuando se enteró antes de hacerse público, lo celebró con su equipo y, botella de champán en mano, se pasaron por los restaurantes amigos de Dénia. La tercera, en 2012, sí fue un fiestón. La cuarta, en 2016.

Reconoce que el suyo es un oficio muy competitivo, pero en la carrera también se hacen muchos amigos, «porque compartimos los mismos valores». Y cuando uno cae, intenta ayudarle. Por eso resta importancia a las palabras de gratitud que le dedicó en una entrevista Sergi Arola, que sabe lo que es estar arriba, bajar en picado y lo difícil que resulta remontar: «Yo le conocí cuando él era Dios y me mostró la parte más humana del personaje».

También colabora con la ONG Acción contra el Hambre: «Cuando tienes hijos y te dicen que otros pasan hambre… Pero cuando estoy sobre el terreno, como cuando fui a la frontera con Senegal, lo hago para conocer su manera de hacer las cosas, respetando sus códigos culturales y religiosos. Son un pueblo orgulloso que no quiere ayuda, sino colaboración».

Como empresario, confiesa: «Tengo más de lo que soñé cuando decidí dedicarme a la cocina. Todo lo que venga será bienvenido. No me gusta ni tener barco ni un deportivo. Mi gran lujo es que el cliente me permita ser yo y transmitir felicidad a través de mis platos».

8

Profesionales emergentes

> La clave del éxito en los negocios está en detectar hacia dónde va el mundo y llegar primero.
>
> Bill Gates

Pocas profesiones permiten trabajar jugando. Tener beneficios por realizar una de tus aficiones favoritas es un sueño hecho realidad para quienes viven de algunos empleos digitales. Pero la parte menos visible de estas profesiones es una férrea disciplina, como se desprende de los testimonios que referentes de distinto perfil han compartido para este libro.

Gina Tost fue precursora del vídeo en línea en internet antes de la aparición de YouTube. Periodista especializada en tecnología, videojuegos, economía *mobile* y startups, ha trabajado para cadenas de televisión, emisoras de radio, periódicos y webs de todo el mundo, incluyendo España, Latinoamérica, Estados Unidos, Japón y China (en la actualidad). También ha impartido clases de Comunicación en la Universidad Politécnica de Cataluña.

Es coautora de *Vida extra*, un libro sobre historia y diseño de videojuegos. Gina es mencionada en el TOP 100 European Founders por *The Hundert Magazine* y una de las periodistas tecnológicas de referencia en nuestro país.

Como buena creativa, se levanta temprano, sobre las seis y media, que «es cuando más productiva me siento, aunque sea a costa de dormir sólo cinco o seis horas». Además, como ahora trabaja estrechamente con colegas de China, esas siete horas de diferencia le permiten aprovechar más la jornada.

Su rutina inquebrantable comienza con un buen desayuno: tostadas, tortilla, fruta y té.

«El siguiente paso es preparar una lista con las tareas. Siempre la elaboro con lápiz y papel, nunca en la agenda electrónica», explica. Le gusta tachar lo que ha conseguido: «Si no tuviera esa guía, hay días que no apreciaría todo lo que he hecho en esa jornada». Sus notas son un compendio de símbolos propios, flechas, señales de urgencia que sólo ella es capaz de interpretar.

Ser directora general y CEO de una empresa en la que tiene que coordinar a otros a veces resulta estresante. Para esos momentos tiene un videojuego de trenes: «Conseguir que no choquen me ayuda a limpiar la mente, a no pensar en nada más».

Lo del deporte, según cómo, lo considera sobrevalorado. Dice que no le permite dejar de pensar y en cambio pierde tiempo. Su alternativa son los *steps*.

El futbolín, una costumbre muy de empresa tecnológica, prefiere tenerlo en casa y no en la oficina.

Le gusta llegar la primera al despacho: «Sola puedo organizar mejor el día y no creo que pueda obligar a nadie a madrugar».

A diferencia de otros ejecutivos, atender el teléfono no la desconcentra e incluso puede aprovechar para responder e-mails mientras habla.

Debido a su profesión, para Gina Tost es imposible desconectarse. Considera que eso no es un hándicap, «aunque el fin de semana intento evadirme hasta el domingo por la tarde. Ése es el momento de hacer los planes de la semana».

Para leer prefiere el papel al libro electrónico, y le gusta acostarse con un buen libro de ciencia ficción, algo que le permita evadirse.

Los videojuegos son su profesión pero a su vez una afición, y en ese sentido actúa sin complejos: «Un día puedo jugar cuatro horas y otro cero».

El *jet lag* intenta paliarlo con melatonina, aunque también ajustando su reloj a la hora en la que tenga que desenvolverse en el país al que viaja, muchas veces por trabajo.

Aprender a decir «no» le ha costado. Es consciente de que lo está consiguiendo desde hace poco. Ya no hace cosas que no le apetecen por quedar bien. Odia que le pidan un vídeo para una causa, incluso aunque el tema lo merezca, con la cantinela de «venga, que a ti no te costará nada».

Una sonrisa de oreja a oreja a la cara, mejor que por e-mail, ayuda a declinar esas ofertas que ya ha aprendido a rechazar y, si puede rescatar algo para colaborar, ésa es la situación ideal.

Si le preguntas qué le parece esa costumbre del gurú de las tecnológicas, Steve Jobs, de llevar siempre su emblemático jersey de cuello alto, que compraba por docenas, Gina sonríe. Coqueta, siempre aparece en los vídeos de YouTube con los labios pintados de rojo, pero confiesa que arreglarse por la mañana no le lleva más de cinco minutos. Es otra manera de simplificar lo que no merece un gasto de energía por su parte.

Óscar Cañellas es el jugador más prometedor de España en una profesión emergente como son los eSports. Tiene veinticuatro años, pero ya ha vivido la experiencia de ganar campeonatos internacionales, de tener millones de seguidores y de haber sido nombrado al menos en tres ocasiones como el mejor jugador de la Liga Española.

Actualmente entrena en el Centro de Alto Rendimiento de Movistar Riders, el equipo de referencia de nuestro país, que le contrató después de su experiencia americana. Siete equipos y más de 60 personas componen este club de eSports.

Oscar Cañellas, «Mixwell» para sus fans, tuvo un buen maestro en su hermano, diez años mayor que él, del que aprendió todo lo que había que conocer de un deporte que entonces era incipiente. Académicamente llegó hasta el bachillerato y el resto de su formación han sido horas y horas de entrenamiento.

En Estados Unidos, donde estuvo durante dos años en uno de los equipos internacionales más destacados del país, aprendió a base de adiestramiento y estrategia de los que mejor conocían este deporte. Captado por un ojeador, le instalaron en una casa en Chicago y allí pasó sus numerosas horas de entrenamiento, muchas veces en solitario y otras acompañado por jugadores de Estados Unidos.

A pesar de que el ejercicio en el Centro de Alto Rendimiento del Movistar Riders, en el Matadero de Madrid, está muy pautado y se aplica con rigor, la hora de levantarse no es lo más relevante.

El primer entrenamiento de la jornada, el de Táctica, teoría y práctica, es de doce del mediodía a dos de la tarde.

Mixwell se levanta sobre las nueve de la mañana, a las ocho en competición, y de diez a once y media suele hacer ejercicio en el gimnasio. Después toma un desayuno que, como el resto de las comidas que realizan en el centro, está supervisado por un dietista.

De tres de la tarde a nueve de la noche dedican el tiempo a partidos de entrenamiento.

Las horas de sueño también son importantes para estos jugadores de torneos electrónicos. Al menos ocho horas. Durante la competición nadie se puede ir a la cama después de la una de la madrugada. También hay que reseñar que los torneos empiezan a las doce del mediodía.

Tras su paso por Chicago valora mucho entrenar en

equipo, «tener compañeros con los que comentar temas ajenos al juego, pero a la vez tener una privacidad de la que en Estados Unidos no podía gozar».

Vive en su propia casa, cada noche cena con su novia y después dedica un tiempo a repasar jugadas y errores para no volver a cometerlos.

Ver series en la tableta es una manera de pasar el tiempo al final de la jornada.

El fin de semana en teoría son dos días libres de entrenamiento y no tiene que acudir al Centro de Alto Rendimiento, pero en la práctica continúa repasando jugadas, buscando nuevas estrategias y, alguna que otra vez, viaja. Pero no muy lejos, porque sólo son dos días. Una escapada a Florencia, por ejemplo, es una de esas opciones gratificantes de fin de semana.

Óscar Cañellas, a pesar de su juventud, tiene claro que para mantenerse como profesional de élite hay que cuidarse «física y mentalmente». Para eso, en el Centro de Alto Rendimiento cuenta con la ayuda de un psicólogo y un fisioterapeuta.

Y ha ayudado a su entrenador, Fernando Piquer, CEO y fundador del equipo, a reclutar a otros deportistas, a los que conocía o de los que tenía referencias, llamándolos personalmente.

En el camino que le queda por recorrer en este país a un deporte aún desconocido para parte de la sociedad, uno de sus sueños es conseguir que los eSports se declaren deporte por ley y que, como le sucedió a él en Estados Unidos, a la hora de pedir un visado se lo concedan como atleta profesional.

La popularidad no parece algo que le preocupe, prefiere

el prestigio profesional, pero el rostro de Mixwell es tan reconocible por los millones de seguidores de los eSports que le paran en los aeropuertos y, desde luego, firma tantos autógrafos en los torneos como cualquier futbolista de la Selección Nacional. Especialmente entre los aficionados más jóvenes, pues ya cuenta con un significativo número de fans adolescentes.

Desde 2012, RoEnLaRed es su nombre para más de millón y medio de seguidores en YouTube y otro medio millón en Instagram, aunque la primera vocación de Rocío Romero fue la Filología inglesa y la enseñanza. Estudió un máster para dar clases en centros de secundaria. Pasó dos años en Holanda, donde empezó sus estudios de Lingüística teórica que prosiguió en la Universidad Autónoma de Madrid, pero dejó a medias el doctorado para ser influencer polifacética y trabajar en televisión dirigiendo la sección Q&A del programa *Fama a bailar* de Movistar.

La espontaneidad y la sinceridad son dos de las características que la hacen ser tan apreciada en una profesión en la que se inició a través de su exnovio, otro famoso youtuber, JPelirrojo. Fue su primer vídeo compartido y la insistencia de los que vieron esa grabación lo que le hizo tomar conciencia de sus habilidades para la comunicación. Lo que comenzó como un hobby es hoy su trabajo, aunque no descarta dar clases a estudiantes universitarios.

Suele compartir vivencias personales. Por ejemplo, en su vídeo «50 cosas sobre mí» confesó que a los once años sufrió anorexia y que sus padres la ayudaron a superarlo acudiendo al psicólogo. No tiene reparos en recordarlo si con ello puede ayudar a otras personas en esa situación. También se manifestó cuando una foto de Instagram suscitó un desafortunado comentario sobre su físico. Y en sus vídeos es habitual encontrar mensajes para concienciar sobre la adopción de animales.

De sus hábitos cotidianos confiesa que no le gusta madrugar. Habitualmente se levanta sobre las ocho u ocho y media, y cuando tiene rodajes a las siete de la mañana el café es su mejor aliado. Necesita dormir siete horas. Antes de irse a la cama, suele ver *La Resistencia* de David Broncano con dos amigos o leer, casi siempre novela. Tuvo una época en la que leía libros de autoayuda, pero ya los ha abandonado.

Como saben todos sus seguidores, su gran pasión es bailar, a lo que dedica unas horas por las tardes: «Cuando bailo no pienso en nada más». La gimnasia forma parte de sus hábitos matinales, concretamente practica «calistenia, un método de entrenamiento físico en el que se utiliza sólo el peso del cuerpo».

Para desconectar, esas redes sociales que forman parte de su vida se quedan a un lado y es el contacto directo con los amigos y la familia lo que la ayuda a relajarse. También viajar, cuando puede de vacaciones y las veces que su trabajo le ofrece ese privilegio como invitada.

Desde 2013 es vegetariana y, aunque no se propone dar lecciones, defiende las razones éticas de respeto a los animales y por salud con las que justifica sus hábitos alimentarios.

No tiene disociado teléfono de trabajo y personal. Atiende los wasaps que le llegan, aunque nunca responde a números que no conoce. El correo electrónico no lo utiliza personalmente, se lo gestionan sus managers.

Twitter lo utiliza más para conocer qué está pasando que para actuar proactivamente. En YouTube ya expresa lo que quiere comunicar: «Aunque nadie me obliga, intento subir al menos un vídeo a la semana. He aprendido que los plazos son buenos, porque cuando hay que entregar no me puedo recrear en el perfeccionismo en el último momento».

Aprender a decir «no» aún no lo tiene superado del todo, «aunque voy mejorando. Quienes me conocen saben que de un modo natural me sale el "sí" espontáneo, aunque entiendo que sin filtro acabas por no hacer tus proyectos». Lo que menos le cuesta es renunciar a planes sociales que no le apetecen cuando lo que quiere es estar en casa: «Eso, a los treinta años, ya lo tengo superado».

Para las causas en las que cree siempre tiene un «sí». Proyectos animalistas o la campaña #SomosMás, una iniciativa para sensibilizar y prevenir los discursos del odio en internet. Una amarga experiencia que, por su exposición pública, sufre en carne propia y que está aprendiendo a gestionar con la ayuda de su familia, sus amigos y, cuando hace falta, con la ayuda del psicólogo: «Intento no tomarme todo ese ruido como algo personal. Las críticas están bien cuando tienen algo de constructivas. Y como norma, un día malo, de bajón, no leo comentarios».

En su cuenta de YouTube lo tiene dicho: «No me quiero morir antes de los ochenta y cuando pase quiero haber hecho todo lo que quería, en lugar de lo que los demás esperaban».

9

Campeones en el deporte: ¿Imposible sin sacrificio?

> El ascensor hacia el éxito está fuera de servicio. Tenemos que subir las escaleras poco a poco.
>
> Mireia Belmonte

Los múltiples testimonios de entrenadores, coaches y psicólogos ponen el acento más en el esfuerzo que en la genialidad, en la actitud, pero también en una formación profesionalizada. La multicampeona olímpica de natación Mireia Belmonte fue una de las deportistas que recibieron parte de su formación en el Centro de Alto Rendimiento de Sant Cugat. El organismo se creó a raíz de los Juegos Olímpicos de Barcelona 92. Más de mil medallas olímpicas, paralímpicas, de campeonatos mundiales y europeos las han ganado deportistas formados en estas instalaciones.

Susana Regüela es jefa de la Unidad de Estilos de Vida del CAR y nos comenta algunos aspectos de este centro de referencia, el primero que se creó en nuestro país. En el CAR se acompaña desde los catorce o quince años hasta los treinta, edad en la que muchos ingresan en el mundo laboral al margen de su carrera deportiva.

Además de los entrenadores, los psicólogos que cuidan de los aspectos relacionales tienen una gran relevancia. En ese sentido, estos deportistas deben realizar esfuerzos que para cualquier otro joven o adolescente serían impensables, por lo que han de disponer de un tiempo para el ocio y ser incentivados para que interactúen. El espacio relacional por excelencia es la hora de la cena para los que viven en la residencia. Que un buen número de ellos practiquen deportes individuales explica el énfasis que se pone en relacionarse ya que, por su régimen de vida especial, muchos tienen dificultades para hacer amigos fuera del deporte.

En cuanto a los madrugones, no es algo que preocupe en el centro. Las siete de la mañana es una hora estándar, aunque cada momento de la temporada requiere una programación especial. Lo más valorado es el compromiso y el equilibrio.

En los deportistas, lo importante son las horas de sueño, no tanto la hora de levantarse. Nos lo confirma Juan Antonio Madrid, experto en cronobiología: «Cada vez más deportistas de élite tienen programas de sueño tan importantes como los de alimentación. Un buen descanso es primordial para evitar lesiones».

La siesta también entra en los planes de los entrenadores. Fermín Cacho, atleta mediofondista, ha explicado en más de una ocasión que en su mentalización para llegar al podio se echó una siesta de hora y media antes de la prueba con la que obtuvo la medalla de oro en los Juegos Olímpicos de 1992.

Por otra parte, sin autoestima no hay rendimiento. «Por eso, formarlos en la toma de decisiones es prioritario en el CAR», explica Regüela. Anticiparse y visualizar lo que se quiere conseguir sería una especie de mantra a transmitir a chicos y chicas.

Todos los residentes tienen que asimilar la imagen que proyecta una rueda que les sirve de guía desde 2011. En ella se lee:

- Anticipa las metas diarias
- Baterías a tope
- El desayuno es la principal ingesta del día
- Tú decides
- Diez minutos es mejor que nada
- Hidrátate antes, durante y después del deporte
- Descanso pequeño, gran recuperación
- Mejor en equipo
- Divertirte es parte del juego
- Mejor prevenir
- La recuperación forma parte del entrenamiento
- Desconecta compartiendo
- Otro día es un reto

Además, un póster preside las instalaciones con el lema: «Lo importante es disfrutar, no olvides por qué lo haces».

Para Susana Regüela, «visualizar lo que cada deportista quiere conseguir es lo primordial».

El multicampeón mundial de natación David Meca hizo de la adversidad una gran oportunidad. Con cuarenta y cinco años ofrece conferencias motivacionales a empresarios y ejecutivos basándose en sus experiencias. Su consejo: «De nada sirve estar muy preparado si falta actitud e ilusión por alcanzar el objetivo».

Otro de sus lemas: «El éxito no llama a tu puerta. No es el talento sino la actitud lo que te hace triunfar».

Superar las adversidades le ha convertido en un hombre feliz. Su mayor incentivo para conseguirlo: «No defraudar a quienes me han apoyado, a mis equipos, a mi familia y a mis amigos».

De niño se levantaba antes de las siete para acudir con su padre al Club Natación Sabadell antes de ir al colegio. La natación le permitió abandonar los hierros que oprimían sus débiles piernas y que le hubieran impedido caminar con normalidad, entre otros trastornos.

De la necesidad de nadar hizo un modo de vida que le ha procurado un inmejorable palmarés: 28 veces campeón del mundo en larga distancia y aguas abiertas y más de 100 títulos internacionales. La FINA (Federación Internacional de Natación) le declaró Mejor Nadador de la Historia.

En 1999 sufrió el peor mazazo que puede recibir un deportista: tuvo que dejar de competir oficialmente al ser acusado de dopaje con Nandrolona, un esteroide anabolizante, que también dijeron haber detectado en otros competidores de ese mismo torneo.

Tardó más de dos años en demostrar que se trataba de un error que, más allá de la inhabilitación, ponía en cuestión su razón de vida. Pero su lucha en los tribunales no le paralizó. Esa injusticia le abrió otro mundo de posibilidades: retos personales en solitario, entre ellos «la fuga de Alcatraz», en la que tuvo que luchar contra las corrientes de la bahía de San Francisco y los tiburones. También cruzó el canal de la Mancha y el estrecho de Gibraltar, entre otros desafíos.

Llama la atención que un hombre tan valiente confiese su aversión a encontrarse con los peces y a veces los tiburones que son atraídos por la luz durante sus retos nocturnos. Lo soluciona con unas gafas negras opacas, que en la práctica le hacen nadar a tientas.

Un aspecto menos conocido de la biografía de David Meca es su vena interpretativa. Hizo sus pinitos ante la cámara y llegó a actuar a las órdenes de Steven Spielberg en *El joven Indiana Jones* y también con George Lucas. Eso fue mientras se graduaba en Arquitectura y Economía en la South California University de Los Ángeles, donde obtuvo una beca.

A pesar de su hiperactividad para asumir cualquier reto, fue capaz de decir «no» cuando le ofrecieron integrarse en el equipo de la serie televisiva *Los vigilantes de la playa*. Coincidía con el entrenamiento para un campeonato mundial y siempre ha tenido muy claras sus prioridades.

De David Meca siempre se han destacado sus cualidades: perseverancia, afán de superación, espíritu de sacrificio, capacidad de sufrimiento, autodisciplina y generosidad. Es el claro ejemplo de que un hábito que se inicia por necesidad se puede mantener por placer.

Respecto a sus hábitos, cada día se levanta a las cinco y media de la mañana para nadar. Por eso cuando sale de viaje, ahora muy a menudo para dar sus conferencias motivacionales, busca hoteles que tengan piscina.

Desayuna dos veces, algo ligero al despertarse y después del entrenamiento. Con las comidas no es riguroso, come lo que le apetece, porque quema tanto que no engorda.

Su mayor satisfacción, retirado ya de la competición, es colaborar con organizaciones de personas con discapacidades o con enfermedades terminales que se enfrentan a retos.

El caso de la campeona de artes marciales Sandra Sánchez es atípico en una profesión en la que o se despunta muy joven o te consideran acabado.

Ella ha conseguido ganar el Campeonato del Mundo a los treinta y siete años, frente a la hasta el momento líder indiscutible Kiyou Shimizu, trece años menor y capitana del equipo japonés, el más prestigioso en su categoría.

Con treinta y un años tuvo que emigrar a Dubái, ante la

falta de expectativas en España. Allí pasó su travesía del desierto, pero no tirar la toalla le permitió a los treinta y tres, todavía viviendo en los Emiratos Árabes, ingresar en la Selección Nacional de Kárate y conseguir el Campeonato de Europa. Más tarde, en 2018, ganó el Campeonato del Mundo y la Federación Mundial de Kárate la nombró Mejor Karateca de la Historia, en la categoría de katas.

La suya ha sido una historia de superación y perseverancia. A los veinte años consiguió una plaza en el Centro de Alto Rendimiento de Madrid, pero cuando a su madre le detectaron un cáncer, decidió cuál era su prioridad. Eso le pasó factura en relación con su sueño deportivo, la Federación le retiró su confianza y durante años estuvo fuera del paraguas de los seleccionados.

Sus 37 medallas consecutivas y sus victorias en los campeonatos de Europa y del Mundo han sido la mejor recompensa a la cabezonería de esta deportista de Talavera de la Reina que hizo oídos sordos cuando le auguraron que era demasiado mayor para participar en el Campeonato de Europa, y no digamos en el del Mundo.

Hormiguita incansable, como se define a sí misma, tardó en convencer a Jesús del Moral, en la actualidad su marido, para que la entrenara. Pero el tiempo le ha dado la razón y forman el tándem ideal para conseguir ganar el Campeonato del Mundo.

Su meta actual: los Juegos Olímpicos de Tokio 2020, los primeros en los que el kárate figurará como disciplina olímpica.

Frente a quienes esgrimieron que su edad jugaba en su contra tiene una respuesta incontestable: «Los años son sólo un número si en las pruebas físicas y mentalmente estás como las más jóvenes». Entrenar a su edad le permite ser más responsable con su cuerpo y conocerse mejor.

Su formación, es licenciada en Ciencias del Deporte por la Universidad de Castilla-La Mancha, que cursó en Toledo y en Portugal, también le aporta un valor añadido a su férreo entrenamiento.

Sandra Sánchez entiende que, a pesar de la necesaria concentración para la práctica del kárate, su carácter es opuesto a la persona seria, distante y fría que se podría esperar. Al contrario, habla y ríe a menudo y sabe desconectar.

Sus prioridades fuera del tatami son viajar en primer lugar, pero también la lectura y la música, pintar camisetas y cocinar galletas de avena y chocolate.

Próxima y nada dada al misterio, en su web revela pequeños secretos, como su afición a llevar bolas de dragón como amuleto o su apodo cariñoso de *Llaverito*, que le viene de una serie que veía de pequeña con su hermano. Les encantaba a los dos y le hubiera gustado seguir entrenando para lanzar ondas vitales como hacía Goku: «Ahora es un entrañable nexo con mi hermano y con la infancia».

De sus hábitos relacionados con el entrenamiento dice que se levanta a las ocho menos cuarto. Toma un desayuno ligero para poder entrenar de diez a una. Después del almuerzo y un rato de descanso, de nuevo entrenamiento de cuatro a seis o siete. Algunos días tiene fisio y baños de contraste (una técnica especial que se utiliza en el tratamiento de las extremidades con agua caliente y fría).

Lo que no perdona son las ocho horas de sueño, imprescindibles para estar en forma.

En cuanto a su alimentación, explica: «No necesito una dieta estricta, porque lo que me gusta comer es lo que debo comer. Me encanta la fruta y la verdura, la pasta y la comida sencilla, a la plancha, sin salsa. No me gustan los dulces, bueno, el chocolate sííí…».

Y respecto a sus hábitos de ocio: «En mi tiempo libre, lo que más me gusta es leer y veo alguna serie, pero no soy muy seguidora de la televisión… Si tengo algún finde libre me gusta ir al cine. Suelo escuchar música que me transmita algo, y a nivel de tecnología intento mantenerme, pero nada de videojuegos… Como les digo a mis sobris, prefiero jugar con los humanos», dice con una sonrisa cómplice.

Ésta es la vida de una campeona mundial.

Si hay una figura del deporte que resulta inspiradora para los entrenadores, pero sobre todo para quienes comienzan su carrera deportiva, ése es Rafa Nadal. La siguiente anécdota habla por sí sola: justo diez años después de su titánico triunfo contra todo pronóstico en el Open de Australia de 2009, con las esperanzas puestas en renovar el título en 2019, su derrota en la final le reportó la ovación más cerrada que se pueda imaginar de un público entregado, que premió el tesón por encima de la victoria frente a Novak

Djokovic, quien a pesar de sus expresiones de júbilo no pudo eclipsar el triunfo moral de Nadal.

Un buen amigo del abuelo del tenista, que era un hombre instruido y amante de las artes, nos cuenta que el abuelo Rafael explicaba orgulloso que Nadal nunca había tirado la raqueta al suelo en una derrota, ni siquiera en sus comienzos. El secreto: desde pequeño le acostumbraron a felicitar a sus rivales cuando perdía en los partidillos familiares y con amigos que disputaba con su tío Miguel Ángel Nadal, un famoso jugador del Barça. Aunque desde los cuatro años ya entrenaba con la raqueta, también era uno de los mejores jugadores del CD Manacor, y no se perdió ni un partido durante su infancia y su adolescencia, aunque tuviera que compaginarlos con los torneos de tenis.

Pocos secretos quedan por desvelar del tenista manacorí. Su tío y entrenador desde los inicios de su carrera hasta hace un par de años, Toni Nadal, ha plasmado algunos de los secretos de ese éxito en el libro *Todo se puede entrenar*.

En ocasiones, pequeños gestos le condujeron a destacar en las circunstancias más adversas, como cuando su tío y entrenador le hacía practicar en canchas en mal estado o con bolas de escasa calidad. Y no parece que la estrategia le saliera mal a Toni Nadal, que explica que «era para enseñarle que ganar o perder no depende de factores ajenos a nuestra voluntad, sino que intervienen mucho más la actitud, la disciplina y el enfoque».

Toni Nadal también revela que el tenista posee una inteligencia corporal kinestésica, que es la capacidad de utilizar el cuerpo para resolver problemas o realizar actividades. Además de en deportistas, este tipo de inteligencia también se detecta en bailarines, cirujanos o actores.

Refugiarse en su entorno ha sido otro de los aciertos del campeón, que no se rinde nunca, a pesar de haber ganado ya los torneos de tenis más prestigiosos. Cuando a los treinta y dos años comenzó a encadenar lesiones de muñeca, de rodilla, en un pie…, cuando el mundo se preguntaba cuánto más iba a durar su carrera, Nadal no dijo nada y se refugió en su academia de tenis de Manacor, en su Mallorca natal, y allí se dio tiempo para reflexionar. Su equipo técnico, formado por sus dos entrenadores, Carlos Moyà y Francis Roig, su fisioterapeuta Rafael Maymó y otros asesores, concluyó que para optimizar resultados tenía que mejorar su saque. Y nuevamente, desde la humildad, a pesar de los trofeos que llevaba a la espalda, trabajó ese aspecto, que desde sus inicios era su talón de Aquiles, para sumar más puntos con menor esfuerzo.

Una vez más, su calidad humana quedó de manifiesto cuando en las inundaciones que asolaron Mallorca en 2018, no sólo ofreció las instalaciones de su academia de tenis como refugio para los afectados, sino que además él mismo acudió a achicar agua en unas de las poblaciones afectadas y donó un millón de euros para los damnificados a través de la fundación que lleva su nombre. La Fundación Rafa Nadal, que atiende al año a más de 900 menores y adolescentes, vulnerables o en riesgo de exclusión, con discapacidad intelectual o estudiantes con talento, con proyectos en

España y en la India, se ha caracterizado por su perfil bajo a la hora de mostrar sus logros. Esa discreción que le caracteriza la comparte con su pareja, Maria Francisca Perelló, que dirige la fundación desde hace unos años pero que hasta hace poco no ha querido aparecer en los medios de comunicación, y sólo porque entiende que explicar las actividades que realizan beneficia la función social que pretenden.

En el triunfo de Nadal destacan sus valores de humildad y perseverancia, pero que nadie se lleve a engaño. Carlos Costa, agente del tenista desde que tenía catorce años, recuerda que Rafa Nadal lleva la competitividad en el ADN y que «incluso cuando juega al parchís después de comer, mientras espera para saltar a la cancha, quiere ganar».

10

Academia de *Operación Triunfo*: Nido de cantantes

> El mayor riesgo es no correr ningún riesgo.
>
> MARC ZUCKERBERG

Cuando en 2001 se presentó el concurso *Operación Triunfo* en TVE, la sociedad española acogió con expectación el reto al que se enfrentaban dieciséis jóvenes desconocidos a los que se les había prometido una carrera discográfica y la oportunidad de representar a España en el Festival de la Canción de Eurovisión.

El planteamiento era muy sencillo: tenían que trabajar duro para ganar el premio, pero la competición debía ser amable, sin agresividad, destacando por encima de todo el espíritu de superación.

El éxito de esta fórmula de la productora Gestmusic se exportó posteriormente a cincuenta países.

Aunque muchas familias se engancharon al programa para contemplar la evolución de estos nuevos rostros de la canción, el fenómeno *Operación Triunfo* se hizo objeto de estudio y no todo el mundo lo valoró en positivo. María Dolores Cáceres, socióloga de la Universidad Complutense de Madrid, lo definió como «un modelo moralista donde los buenos siempre ganan», y frente a la exhibición de la intimidad y la exposición impúdica del modelo de *Gran Hermano*, también novedoso por aquel entonces, *Operación Triunfo* «es una propuesta conservadora».

Un fiel defensor de *Gran Hermano*, el ya fallecido filósofo y catedrático de la Universidad de Oviedo, Gustavo Bueno, habló de «telebasura emocional» con una propuesta trampa: «La idea del pelotazo, triunfar en tres meses a base de baladas cursis».

La realidad ha superado las expectativas de sus creadores y *Operación Triunfo* continúa gozando de buena salud. De hecho, alguno de los «triunfitos» de esa primera hornada han construido una sólida carrera profesional. Y la catarsis que provocó la Gala de 2016, donde consiguieron reunir a los ya triunfadores de la primera edición y a los premiados de esa temporada, daría para varios tratados de sociología.

Lo que interesa especialmente para este libro es hasta qué punto, una vez seleccionados entre miles de chicos y chicas con posibilidades interpretativas, la formación de la Academia donde pasan esos tres meses de su vida, aislados de su entorno y el resto de la sociedad, marca su futuro.

Verónica Pareja es adjunta a Dirección de Gestmusic, la productora que gestiona el concurso desde sus inicios. Conoce a fondo los entresijos del programa porque también participa en la selección de los aspirantes y en las galas.

Para la edición de 2018, la décima, se presentaron más de 16.000 intérpretes. «En una primera selección hago hasta 25 entrevistas en cuarenta minutos. Pero previamente me leo los cuestionarios, lo que explican sobre su familia, su entorno. Nunca entro en algo que sé que no les va a gustar, que puede resultar conflictivo. Quiero saber cómo son y si son abiertos o cerrados, si se expresan bien», cuenta.

Aunque hay que decir que la capacidad de expresión nunca ha sido un hándicap para ser seleccionados. Todos recordamos los problemas de Rosa López o de algunos de los concursantes más recientes, que hablan de forma atropellada; también el caso de Amaya, a la que le costaba una barbaridad concretar cuando hablaba. «Alfred también era muy disperso, pero sabía entrar bien», recuerda Verónica Pareja. Por eso se trabajan las clases de expresión al igual que las de canto, las de educación física y de otras materias. «Pero siempre pensando en qué se va a ver, en hacerlo atractivo para la gente que está al otro lado de la pantalla», puntualiza.

Para ella, la diferencia fundamental entre la Academia de *Operación Triunfo* y una Escuela de Alto Rendimiento Deportivo es clara: «Nosotros hacemos televisión y buscamos imágenes, y sí, los formamos, pero buscamos rentabilidad inmediata en las audiencias».

Respecto a la disciplina de trabajo en la Academia menciona que han apreciado un gran cambio generacional: «La última generación de OT, la de 2018, es la más preparada en todo, musicalmente y en forma física».

También la Academia ha cambiado mucho en algunos aspectos, como por ejemplo la dieta: «En la primera edición de 2001 eso no se miraba. Para merendar siempre había cruasanes, bollería. Ahora no. Toman pan tostado con aguacate y fruta. También té, zumos. No hay nada de azúcar. La comida se mide muy bien y siempre tiene que haber proteínas».

El ejercicio físico es fundamental: «No hay un protocolo estricto, porque en la Academia todo es muy de sentido común. Pero con los años hemos ido desarrollando una serie de actividades, puesto que para ser un artista completo tienen que respirar a la vez que cantan y para aguantar en el escenario hay que estar en forma».

La hora del ejercicio físico es por la mañana, en torno a las ocho, «primero estirar y después ya desayunar». Y aclara: «Hacer que se levanten más temprano no tiene sentido, dadas las horas a las que acaban las galas, después de la medianoche».

Para Verónica Pareja, *Operación Triunfo* nunca ha pretendido ser un referente para los jóvenes que están viendo la televisión. Sí reconoce que en el caso de Rosa López su cambio fue espectacular y pudo servir de guía a otras chicas con sobrepeso y con falta de confianza personal.

«La autoestima la trabajamos mucho porque es imprescindible para salir a cantar», afirma Verónica. «Tú sal a por todas, no tengas miedo, lo sabes hacer bien y lo haces bien. No pienses que te van a nominar», son algunas de las consignas que intentan inculcar a los que han llegado a una primera meta entre más de 16.000 personas.

Ni la directora de la Academia, Noemí Galera, ni ninguno de los profesores se apostarían nada por acertar quién ganará después de noventa y un días de estancia. Por otra parte, alzarse con el triunfo no es garantía de una carrera exitosa. Sólo con recordar que David Bisbal fue el segundo finalista o que Miriam, la primera expulsada de la edición de 2017, consiguió grabar un disco nada más salir, el triunfo se relativiza.

Verónica Pareja insiste en que la selección no es infalible y que ser rechazado en una preselección tan amplia no tiene que desmoralizar a los que pretenden acceder a esta plataforma para dar su salto a la fama. Y pone de ejemplo a Ruth Lorenzo: «No pasó el casting para entrar en OT, en cambio resultó elegida para representar a España en el Festival de Eurovisión en 2014 y, años después, formó parte del jurado en una de las galas de OT».

Respecto a las reacciones del público, Pareja considera que es soberano para escoger a sus ganadores. Aunque se especule con las preferencias del jurado y los profesores de la Academia, hay determinados concursantes que pueden generar simpatía y odio a partes iguales: «Ana Guerra, por ejemplo, es buena cantando, guapa, lo tiene todo, y eso generó un movimiento en las redes que, afortunadamente, consiguió reconducir hasta pasar en la gala siguiente como favorita». Los telespectadores, como si fuera una proyección de sus vidas, valoran especialmente la progresión y la espontaneidad.

Cuando preguntamos a Pareja si la estrategia funciona, asegura: «Suele salir rana». Más de quince años en el concurso avalan sus palabras: «Las galas tienen un guion, se seleccionan vídeos de su vida cotidiana y nada se deja al azar, pero ahí está la personalidad espontánea. Es el caso de Bustamante. Era un tipo simpático, tenía ganas de aprender y de trabajar y buena voz…».

Frente a las críticas de cómo se ponen al límite los sentimientos de los alumnos, defiende que no lo hacen por el espectáculo, sino porque al cantar son muy importantes las emociones y la voz: «Es lo que hace diferente a un cantante de otro, que le guste a la gente. La voz es emoción».

Y la valentía es otro valor que se premia: «Aunque te cueste hacer cosas y luego suponga que te nominen». En las clases también hay dinámica de grupos, aunque la experiencia ha demostrado que los líderes no son siempre los que ganan.

Cuando hace las pruebas de selección, Pareja considera un acto de responsabilidad advertir que, si entran en la Academia, sus vidas darán un giro de 180 grados y, aunque muchos no lo crean en ese momento, la relación con la pareja se rompe a la salida en más de un 90 % de los casos, igual que surgen otras parejas en el ambiente de convivencia que se genera durante tres meses compartiendo casa, firmas, galas…

Algunos de los participantes, por ejemplo Alfred, llegan con una conciencia solidaria firme y lo comentan en sus apariciones televisivas. Como Academia no se plantean promover esa vertiente social, aunque sí dan alguna charla sobre sida, refugiados...

Miguel Cáceres es un joven periodista y seguidor de *Operación Triunfo*. No se ha perdido detalle de las ediciones de 2017 y 2018. Como fan y profesional, ofrece algunas reflexiones que ayudan a comprender el fenómeno OT.

«El Canal 24 horas de YouTube y el fervor que generan los concursantes en las redes sociales, especialmente en Twitter, han sido la clave para la pervivencia del modelo. El día a día de los concursantes se ha convertido en las dos últimas ediciones en *trending topic* y ha contribuido de forma espectacular a conformar grandes favoritos a través de memes y comentarios virales.»

Sin embargo, explica Miguel, «la exposición durante veinticuatro horas y el fervor tuitero no siempre ha beneficiado a los concursantes. En el caso de África, la segunda expulsada de la edición de 2018, su personalidad fuerte y arrolladora y las contestaciones «bruscas» a algunos de sus compañeros no fueron bien recibidas por la audiencia y la convirtieron en la «odiada» en apenas una semana. Fue tal el nivel de odio generado en torno a su figura y la gravedad de los mensajes que se le dedicaban (incluso deseándole la muerte) que la organización del programa tuvo que poner en marcha una campaña en redes con el hashtag #OTNoEsOdio para recordar a los seguidores cuál es la verdadera esencia del programa. Noelia, en la misma edición, primera favorita, salió expulsada en su primera nominación por la actitud que la audiencia percibió en ella: para muchos soberbia, borde y chulesca».

El otro componente que, a juicio de Miguel Cáceres, ha convertido las últimas ediciones en una fórmula de éxito es lo que los tuiteros denominan «shippeos», una palabra icónica creada para referirse a los posibles romances entre los concursantes, en algunas ocasiones reales y, en otras, fábulas de los espectadores que ven historias de amor en todos los rincones de la Academia. Entre ellas, la amistad de Alba y Natalia, segunda y tercera finalistas de la edición de 2018, que desmintieron por activa y por pasiva que lo suyo no era amor.

Según su diagnóstico de fan entregado, coincide con Verónica Pareja: «La voz no lo es todo en OT. Los grandes triunfadores no son los que llegan a las notas más altas, sino los que consiguen encandilar al público con su gracia y espontaneidad, con sus reivindicaciones, con sus historias de superación. Triunfan los que tienen ese algo más: CARISMA».

Adorada a partes iguales por *millennials* y público convencional, en un ambiente en el que los concursos de talentos copan la programación televisiva, aparece una figura, Rosalía Vila, que provoca una catarsis entre sus muchos seguidores, aunque algunos detractores la califican de moda pasajera. Como ha dicho otro verso suelto, Miguel Poveda, el tiempo lo dirá.

Rosalía ha conseguido a los veinticinco años que la revista *Forbes* la declare como una de las europeas más influyentes de menos de treinta años. En su corta carrera ya ha hecho historia en los Grammy Latinos con su canción «Malamente», flamenco urbano de una catalana que resulta difícil de clasificar, con la que obtuvo cinco nominaciones y los premios a la canción alternativa y a la mejor fusión. Bendecida por iconos del momento como Los Javis, Paquita Salas, el modista Palomo Spain, cantantes consagrados como Alejandro Sanz o Madonna, Almodóvar la incluyó en su última película *Dolor y Gloria*. Su momento estelar de 2019 fue la aparición en la fiesta de los premios Goya. La interpretación del tema «Me quedo contigo» de los Chunguitos, arropada por el Cor Jove del Orfeó Català, fue el momento más reproducido de toda la ceremonia del cine español. Un impacto sólo superado por la presentación de su video sobre el dinero cantado en catalán, que consiguió 2 millones de visualizaciones en YouTube en menos de 24 horas y una polémica a propósito de su libertad para utilizar lenguaje de la calle no normativo, que sin embargo ha sido defendido con vehemencia por puristas de su tierra que reconocen el valor de ese gesto de la cantante de Sant Esteve Sesrovires.

A quienes dicen que el fenómeno Rosalía es flor de un día, producto del marketing, habría que recordarles que comenzó sus clases de canto a los trece años, que desde muy joven ya actuaba en recintos reducidos y la formación musical fue clave en sus inicios, cuando consiguió entrar en la Escuela Superior de Música de Cataluña y formarse con Chiqui de La Línea, que sólo acepta un alumno por año.

Si la que ya llaman «Beyoncé española» hubiera nacido en Estados Unidos, seguro que figuraría en un lugar destacado de su carrera el rechazo que recibió cuando sólo tenía quince años en uno de los *talent shows* más exitosos de nuestra televisión. Probó suerte en la selección de intérpretes en *Tu sí que vales* y fue rechazada por desafinar bastante. Lejos de venirse abajo, esta adolescente que estudiaba 4.º de ESO en ese momento, mostró ante las cámaras su determinación con la cara bien alta. «Tengo claro que voy a ser artista», respondió en el 2008 a una Noemí Galera y Ángel Llácer, gurús de estos concursos de talentos, que intentaron minimizar su sentencia de exclusión apelando a su voz bonita y su potencial.

Pocos creyeron en ese momento en el delirio actual de los «Rosaliabelievers».

Con veinticinco años ya se la disputan diseñadores de moda, sus uñas de gel XXL crean tendencia y ha contribuido a crear una línea de ropa tan ecléctica como su forma de cantar.

Cristina Soria, coach y autora de media docena de libros sobre comportamiento e influencias, no se atreve a explicar el éxito de Rosalía, pero sí se aventura a interpretar por qué concita tanta expectación: «Proyecta una imagen de credibilidad, naturalidad y honestidad, imprescindible si quieres triunfar. Más allá del marketing, su imagen y su música rompen estereotipos. Hasta ahora parece que tiene la cabeza muy bien colocada. A mí me enganchó, aunque confieso que tanta reiteración puede cansar».

Si aplicamos una de las sentencias preferidas del periodista Herbert Swope, ganador de tres premios Pulitzer: «No puedo darte la fórmula del éxito, pero sí la del fracaso: trata de complacer a todos». A Rosalía, si es por eso, le queda mucha carrera por delante.

11

Audiovisual:
Un mundo de artistas con disciplina

> La civilización democrática se salvará únicamente si hace del lenguaje de la imagen una provocación a la reflexión crítica y no una invitación a la hipnosis.
>
> UMBERTO ECO

Las películas ya no siguen el ciclo cine-televisión y las plataformas de internet han revolucionado los hábitos de consumo cultural de la población. Pero los grandes creativos, los que hacen magia en el mundo audiovisual, siguen siendo imprescindibles y su saber hacer no tiene fecha de caducidad.

Mar Targarona es directora de cine, productora y actriz. Para esta polifacética artista y empresaria, su momento más duro es cuando tiene que convencer a los bancos de que merece la pena apostar por su próxima producción: «Tienes que saber de guion, de cine, pero encima tienes que hacer una carrera de financiero, porque si no, no te salvas. El cine se ha complicado muchísimo con las subvenciones, las nuevas leyes, las distintas plataformas...».

Estudió Arte Dramático en Barcelona, en Estrasburgo y con Lee Strasberg, e inició su carrera profesional en el teatro con la compañía Dagoll Dagom y más tarde en el emblemático Teatre Lliure. En 1990 fundó la productora Rodar y Rodar junto a su marido Joaquin Padró, y a partir de 1995 trabajó como directora, guionista y productora. Como productora ha acompañado a talentos consagrados como Juan Antonio Bayona, de a quien Rodar y Rodar produjo su primer gran éxito, *El orfanato*.

También dirigió la escuela de guionistas de Rodar y Rodar. De hecho, más que como guionista, se la valora porque sabe dirigir y apuntar caminos para los guiones de otros.

En un momento en que se reivindica la participación de la mujer en el mundo audiovisual, confiesa: «Lo que más me ha costado es creerme que podía hacerlo, que podía dirigir. No porque me pusieran trabas, sino porque me decía: ¿Tú podrás? ¿Tú sabrás?».

Que tu socio sea también tu marido puede soslayar algunas barreras, aunque la peor es la del ojo ajeno. Una reciente anécdota que me cuenta con resignación resulta muy ilustrativa: habían acudido a la presentación en un festival europeo con la película de Isabel Coixet *Elisa y Marcela*, producida por Rodar y Rodar, cuando en la recepción de la legación española el embajador presenta a Mar Targarona como la esposa del productor, Joaquin Padró. Esta mujer, tranquila por naturaleza, de la que nunca nadie ha oído un grito en un rodaje, saltó como un resorte: «¡Y la productora de la película, señor embajador!».

A pesar de sus tablas, nadie diría que el primer día de rodaje sienta la tremenda responsabilidad de estar al frente de un pequeño ejército de 100-120 personas: «En el fondo, el primer día todos los directores sentimos el "síndrome del impostor". Afortunadamente, un ayudante de dirección se ocupa de esa parte más práctica para que yo pueda hacerlo de la artística. Pero el rodaje es muy interesante, como una minisociedad, donde hay más técnicos que actores. Cuando diriges, y más en mi caso, que también soy productora, tienes la responsabilidad de hacerlo de una manera u otra para evitar que salga más caro. Por eso son tan importantes las rutinas en los rodajes».

Cuando no está de rodaje se levanta sobre las ocho y cuarto. En realidad, en la productora, «el resto de los interlocutores con los que tengo que tratar durante el día tampoco están operativos hasta las diez de la mañana», aclara. Y por la noche acaba la jornada viendo una serie, entre las doce y la una de la madrugada.

A pesar del glamour que se espera en este mundo de relaciones y artisteo, sus rutinas son más bien caseras. Para las relaciones, imprescindibles en su profesión, confiesa que su marido tiene mucha más habilidad.

No hace mucho, Ana Belén estuvo en el programa de radio de Julia Otero, y le contó a Mar Targarona la anécdota. Esta consagrada actriz y cantante, que recibió el Goya de Honor en 2017, confesó: «Tenía ganas de ser artista para no tener que estudiar y levantarme tarde. ¡Qué ceporra era!», y lo dijo entre risas, precisamente ella que puede presumir de profesional y perfeccionista.

Mar Targarona sonríe, pero está de acuerdo: «Cuanto más profesionales, mejor se saben el papel», y recuerda que Belén Rueda fue capaz de rodar con fiebre y con lluvia de madrugada en la película *Los ojos de Julia*. Y añade: «Los chicos y las chicas que han salido de la televisión se nota que tienen mayor disciplina que los actores tradicionales». Aunque tiene grandes elogios para las actrices más veteranas, como Carmen Maura, a la que considera muy sensata, o Blanca Portillo, «un Rolls Royce».

Para Mario Casas, a quien dirigió en *El fotógrafo de Mauthausen*, sólo tiene elogios: «Pasó hambre antes y durante el rodaje (sólo podía tomar un poco de pescado hervido). Pasó frío y tuvo que aprender alemán y, según dijeron los nativos, no lo pronunciaba nada mal».

«Durante los rodajes no hay vida… A veces comienzas a las cinco de la mañana o acabas de madrugada.» La gestión de los horarios es muy importante en una película. El fin de semana, aunque se tenga que rodar en sábado, se respeta un mínimo de descanso. Es el momento en que los logistas de la producción aprovechan para darle la vuelta al horario. Y siempre se respeta que haya doce horas libres durante el rodaje.

Según cuenta Mar Targarona, los caterings son más importantes de lo que parece desde fuera. La gente tiene que estar contenta, y algunos trabajadores, como los técnicos de decorados, audio, etc., tienen que llevar peso y necesitan una buena alimentación.

Para esta directora de cine, la naturaleza es una fuente de relajación. Mirar por la ventana de su casa, en pleno campo, la ayuda a relajarse. Grabar con el móvil una salida de sol ya le gratifica. Eso y los vídeos con las gracias de su nieto.

Las tecnologías no le quitan el sueño. Tiene Twitter por motivos profesionales, pero no es muy amante de las redes. Durante los rodajes no consulta el móvil más de dos veces al día, sabe evadirse. Y a las diez de la noche lo desconecta.

No lleva libreta para apuntar las ideas; lo intentó con la agenda del móvil pero no le resulta práctico. Está convencida de que la mente tiene una especie de cedazo que criba lo importante: «Lo que no queda es que no lo era». También cuando duerme, lo que es capaz de recordar es lo que tiene en cuenta.

No tiene «mono» de su etapa de actriz, ni siquiera para hacer un cameo en sus películas. Prefiere el otro lado de la cámara.

De apariencia tranquila, parecería que le cuesta decir que no a algo y, sin embargo, lo tiene muy claro: «A una productora todo el mundo viene con ideas, pero si no están bien resueltas lo digo tajante. Hay que ser implacable en esto. Y después, si puedes dar una oportunidad para cambiarlo, perfecto».

Xavier Sardà es una de las grandes figuras de la pequeña pantalla. Estudió Ciencias de la Información en la Universidad Autónoma de Barcelona, pero ha tocado todos los palos de la comunicación. Su *Juego de niños*, que se ganó a los telespectadores hace más de treinta años, ha sido el único programa de televisión que ha aceptado dirigir de nuevo. Gracias a su personalidad, a pesar de ser el tercer presentador en esa primera etapa, ha quedado para el imaginario como el único de ese icónico programa que repartía «gallifantes», vocablo que forma parte del lenguaje popular.

Sardà, que ya acompañaba a su hermana, la actriz Rosa María Sardà, a los ensayos en el teatro y que ha confesado en su libro más personal que nunca le dejó de la mano, no ha sentido la sombra del apellido ni se ha beneficiado de él en toda su carrera, en la que ha conseguido fórmulas de éxito por méritos propios.

Comenzó como cronista musical en diarios como *Catalunya Express* o *El Noticiero Universal*. A los diecinueve años entró en Radio Nacional con una beca, donde creó un personaje que durante años le acompañó como su álter ego, el señor Casamajor, abuelo cascarrabias que llevó en su periplo por la radio pública y privada. En la cadena SER colaboró con Iñaki Gabilondo en *Hoy por hoy* y también presentó *La ventana*.

En la televisión, *Crónicas marcianas*, el *late night* más longevo de la parrilla televisiva (ocho años de duración), le convirtió en indiscutible líder de audiencia. A pesar de que consiguió, desde sus inicios en 1997 hasta 2005, los premios más prestigiosos de la pantalla: dos Ondas, dos de la Academia de la TV y seis TP de Oro, confiesa que no lo volvería a resucitar. Pero no por su corte polémico, donde cabía el show y el debate político y social, una de las claves de su éxito, sino porque «me aburriría y, además, dejar de mandar me liberó».

Aún recuerda los horarios infernales a los que tuvo que someterse: «Lo pasaba mal. Mis biorritmos no son para trasnochar y por la mañana a las ocho ya estaba en pie. A media tarde ya tenía una primera reunión de equipo y hasta las dos y media de la madrugada no acababa el programa».

Ahora, y aunque con los años se duerme menos, descansa más. Se levanta sobre las seis y media o siete de la mañana. Antes de dormir ve la tele, en la cama, con su mujer, cada uno con sus auriculares, y el último que se va a quedar dormido apaga el aparato.

Un plan B para quedarse dormido es una especie de mantra que inicia por costumbre con el Credo, «no porque sea creyente, es porque es muy largo». Le siguen la «Elegía a Ramón Sijé», «La vaca cega», el poema de Joan Maragall, continúa con Espronceda... y así no hay insomnio que se le resista.

Camina 10 kilómetros al día, «no para pensar sino para todo lo contrario. Me gusta fijarme en la gente y los edificios. La ruta la deciden los semáforos: si está cerrado sigo por la misma acera y así puedo hacer siempre nuevos itinerarios».

También disfruta de la naturaleza. Le gusta cuidar los árboles de su casa, contemplarlos y reparar cualquier problema que surja.

Lleva siempre muchos «papelajos» con apuntes.

Su mayor placer es escribir libros. El último, *Adiós, muy buenas*, versa sobre la muerte y un cementerio de pueblo que es «como un muro de Facebook». El más personal es *Mierda de infancia*, donde narra sus vivencias como niño huérfano.

Presume de las vueltas al mundo que ha dado en su simulador de vuelo, el de un Boeing 737-800 que tiene en su casa. Aunque podría alzar el vuelo en un aparato real, ya que hace quince años que se sacó el título de piloto de avión y también de yate, aunque ahora ya no navega. Lo del simulador se lo inspiró la obra de Jardiel Poncela *Eloísa está debajo de un almendro*. Igual que el personaje de la comedia viajaba en un tren figurado en su habitación, él decidió hacerlo en un avión.

No le atraen las redes sociales: «Si acaso Twitter para mirar. Opinando ya me paso varias horas al día en la radio y en la televisión». *El Gabinete* de *Julia en la Onda*, *Al Rojo Vivo* o *La Sexta Noche* y *El Periódico de Catalunya* son citas obligadas cada semana.

Con los libros se libera, se muestra emotivo, triste, divertido y brillante, algunos de los calificativos que ha merecido su obra, gracias a su capacidad de combinar el dolor con la ironía.

Xavier Sardà, blanco sobre negro o a través de la pantalla de televisión, nunca deja indiferente.

Sergio Caballero, codirector del Festival Sónar de Música Electrónica, es un artista multidisciplinar. Composición electrónica, artes plásticas, arte conceptual y dirección cinematográfica… Este multifacético artista, que se considera un autodidacta, domina todos estos géneros. Aunque como compositor estudió en el Conservatorio Superior del Liceo de Barcelona.

Formó el grupo Jumo en 1987 y en la Expo 92 coordinó la música electrónica del Pabellón de España.

Desde 1994 es codirector del Sónar, el festival de música electrónica más influyente de nuestro país.

En 2004 pasó a colaborar con Nacho Duato y la Compañía Nacional de Danza y creó la música para algunos de los ballets del coreógrafo.

Se estrenó como director de cine en 2010 con *Finisterrae*, donde mezcló sus gustos, sus decisiones y su peculiar sentido del humor. La película fue seleccionada en 60 festivales de todo el mundo y ganó el Tiger Award en el Festival de Cine de Róterdam en 2011.

Actualmente rueda con Ángela Molina un mediometraje con el que también aspira a presentarse en varios festivales.

Sergio Caballero confiesa que es un hombre inquieto: «Siempre tengo proyectos en perspectiva, pero sé mis posibilidades. Es mi manera de ser, pero también tengo intuiciones. No me gusta seguir tendencias». Y como ejemplo cuenta que montó con un amigo la bodega 4 Kilos, en 2006. Otras han desaparecido, pero la suya se mantiene «y me sigue dando satisfacciones. Como cuando voy a Mallorca. Salgo a las siete y media de la mañana y en menos de una hora ya estoy en las viñas, disfrutando de la naturaleza».

Habitualmente, a las once de la noche ya está en la cama y a las seis, arriba. «Cuando hay niños…», dice.

Los sábados también se levanta temprano para ir al mercado: «A las diez ya estoy de vuelta en casa con todo el material. Me encanta cocinar».

Cuando está en el Sónar no duerme más de tres horas, pero son pocos días. En cambio, necesita desconectar y su mejor manera de hacerlo es acercarse a comer en la barra de un restaurante con estrella Michelin que está junto al recinto del festival.

Tiene una teoría muy particular sobre la comida de los restaurantes: «Me gusta probarla solo. Miras, observas, saboreas. El último viaje que hice con Nacho Duato a Grecia, mientras él ensayaba con su equipo, yo estuve descubriendo buenos restaurantes».

A las exposiciones dice que tampoco hay que ir con gente, excepto si es con los niños para enseñarles a apreciarlas. Y de esto algo sabe, porque ha montado unas cuantas...

El gimnasio lo considera una cita obligada, al menos un par de días a la semana: «Me gusta comer y beber y hay que quemarlo».

Para decir «no» cuenta con el privilegio de que alguien le hace de filtro, y cuando se trata de cenas o citas sociales lo practica sin complejos: «Eso lo reservo para la familia y los amigos».

Atiende todas las llamadas. En cambio, considera que el correo electrónico invade su vida privada y no se ve en la necesidad de responderlo.

No es amigo de series televisivas, pero no se pierde un informativo, «aunque sea para constatar cómo manipulan».

«Hacer cosas que me gustan y dormir. Eso es lo importante y lo que me ayuda a cambiar el chip. No valoro el tiempo por lo que vale, sino para lo que sirve», concluye.

12
Cuando no tienes jefe

> La inspiración existe, pero tiene que encontrarte trabajando.
>
> Pablo Picasso

Laura Vanderkam, célebre en Estados Unidos por sus libros, charlas y artículos en los que ofrece su punto de vista sobre el uso del tiempo, a los que trabajan en casa les recomienda que sólo acepten tareas que les resulten gratificantes.

En nuestro país, donde no sobran las oportunidades, semejante recomendación sonaría incluso cruel. Puedo asegurar que todas las personas que intervienen en este capítulo han escogido su profesión actual. Han trabajado por cuenta ajena y hoy viven de proyectos propios que les resultan satisfactorios.

Raquel Martos, periodista, guionista y escritora, ha dirigido diversos programas en Onda Cero y es autora de las novelas *Los besos no se gastan* y *No pasa nada. Y si pasa se le saluda. El club de la comedia* y durante años *El Hormiguero* de Pablo Motos son algunos de los programas de televisión en los que su impronta ha dejado huella. También ha colaborado en guiones de teatro, como *Cinco mujeres.com*. Escribe columnas en diarios digitales y participa en la sección «Personas Físicas», con comentarios políticos en clave de humor, en el programa *Julia en la Onda*.

Las ocho de la mañana es su hora habitual de iniciar el día. Lo primero, bajar a la perra a dar una vuelta y desayunar: «Antes era más de escribir de noche, pero ahora el momento más productivo es a primera hora de la mañana. Por la tarde me resulta más fácil corregir».

En eso coincide con Laura Vanderkam, que recomienda que las tareas que exigen fuerza de voluntad, mejor por la mañana. Escribir una novela lo requiere, sin duda.

Para luchar contra la piel cansada, sigue el «método Newman» cuando se levanta. El actor metía la cara en un bol con cubitos de hielo.

Practica pilates dos veces por semana y, «como norma, siempre subo a pie las escaleras del metro». Aunque no tiene tiempo, también le gusta nadar: «He corrido como reto personal, pero no disfrutaba, aunque reconozco que sirve para ordenar las ideas y esquematizar».

Cuando está trabajando en un libro, como en este momento, declara: «Suelo apuntar ideas en el teléfono, en el buzón de ideas». Y añade: «No hago listas, confío demasiado en mi memoria, aunque en verano desconecto tan bien que algún susto me he dado porque se me había olvidado el plazo de entrega de un artículo. Pero bajo presión me salió muy bien... Era sobre Montoro...».

Le gusta ver alguna serie antes de irse a dormir, «y si estoy desvelada leo una novela. Últimamente me he hecho fan de los audiolibros. Los escucho en el metro y también cuando tengo que realizar tareas engorrosas en casa como cambiar armarios».

La diferencia entre trabajar en un artículo o hacer la sección de la radio con respecto a la novela, «es que la inspiración me viene dada. Destrozar un informativo y dar opinión, sí o sí. Tengo una línea muy clara: libertad, con sentido del humor. Con la novela no siento angustia, pero como tengo tiempo, a una idea le doy vueltas. Con el artículo, como corre prisa, la concentración va a mil».

Los fines de semana no desconecta de la novela: «Eso no lo considero trabajo. Arrancar es lo que más cuesta, pero como lo hago porque quiero... Es más personal que profesional».

Asegura que no se le da bien decir «no», pero por experiencia personal sé que puede... Me rechazó una propuesta para escribir un libro sobre cómo decir «no» con gracia: «Eso fue porque me pareció un proyecto muy serio y yo estaba escribiendo mi segunda novela», me explica entre risas... Todavía estamos en ello.

Y añade: «Los que me quieren me riñen porque acepto propuestas para las que no tengo tiempo, pero cuando son temas sociales, yo creo que el mundo es una cadena de favores. Me da ternura la gente que está empezando y no puedo evitar ayudarlos, o si se trata de causas sin mucho apoyo. Y a los retos, aunque me dan miedo, siempre digo que sí».

No lo parece, pero se confiesa «timidísima» y valora mucho el trabajo de los demás: «Cuando trabajo en un equipo de guionistas siempre pienso que estoy aportando poco». Tímida y modesta. Sobre todo, muy empeñada en «evolucionar como ser humano, con sentido de la responsabilidad y respeto. Con un punto de perfeccionismo».

Su mayor relax está en la naturaleza, caminar por el campo. Tener perro ayuda.

Cuando ve la tele, el problema «es que me fijo en el montaje, los pasos que dan, planos en el tiempo: pura deformación profesional. Ahora me he enganchado a los documentales. Me impresionó especialmente *Examen de conciencia*, de Albert Solé, sobre los niños abusados».

Respecto a cómo gestionar el tiempo libre, se ha vuelto muy asertiva: los fines de semana tiene el teléfono conectado por temas personales, pero no contesta el correo hasta el lunes: «Lo estudio y respondo, pero he estado mucho tiempo ligada las 24 horas los 365 días del año. Ahora sé que eso tiene consecuencias para los que me rodean, incluida mi perra, Betty, cuyo tiempo también respeto».

Ferran Monegal estudió en la Escuela de Periodismo de Barcelona antes de que apareciera la facultad. Fue corresponsal de *La Vanguardia* en Estados Unidos y subdirector de *El Noticiero Universal*. Crítico de teatro durante un tiempo, ejerce como crítico de televisión en diversos medios.

Fue director del diario *Claro* durante veintidós días. La publicación fue un experimento de diario sensacionalista en el que participaron al 50 % Prensa Española y Axel Springer. Apenas sobrevivió tres meses. Al contrario que los profesionales anglosajones, no presume de ese traspié en su currículum, pero tampoco lo vive como un fracaso personal.

Tiene otros méritos para resaltar en su expediente profesional. El programa *TeleMonegal*, que dirigió y presentó en la televisión local BTV, obtuvo magníficos índices de audiencia entre 2003 y 2013. Actualmente, su sección «Monegal sin filtro» en La Sexta le está acercando a una nueva generación de telespectadores.

Su columna diaria en *El Periódico de Catalunya* cuenta con 40.000 seguidores a través de Twitter. Es el único uso que hace de la red social, colgar cada día el enlace a su columna.

Duerme seis horas, aunque se acuesta a las cuatro de la madrugada, una servidumbre de su trabajo como crítico televisivo. Y se levanta a las diez y media, «con despertador, que el sueño lo mantengo intacto».

Su costumbre inalterable es tomar un vaso de agua al acostarse y otro nada más despertarse. Es un hábito que mantiene desde hace muchos años.

Practica boxeo y taichí, generalmente en casa: «Los orientales no necesitan aparatos para hacer ejercicio. Con una habitación diáfana es suficiente. El escalón de la escalera sirve para hacer abdominales y la pared para ejercitar los brazos, subiendo y bajando», afirma. Y, como buen crítico, aprovecha para meter una cuña: «Jane Fonda hizo mucho daño con sus programas de televisión, en los que enseñaba que para hacer ejercicio hacían falta aparatajes muy grandes y muy caros. El tatami y las paredes de los japoneses son mejores». A veces también hace ejercicio un rato por la noche, y cuando camina, practica «lo que llaman ejercicios hipopresivos. Son ejercicios de respiración».

La alimentación también es muy importante para este crítico televisivo, que, sin embargo, no suele comentar hábitos tan personales, pero sabemos que ha cambiado los lácteos por la leche de alpiste...

No es de estresarse. Para él, la actitud lo es todo: «No me puedo permitir estar deprimido. Confío en el entusiasmo y la ilusión para contrarrestar cualquier atisbo de depresión».

Entre sus múltiples seguidores, pocos saben que estudió Arte Dramático en la época de Els Joglars y también Filosofía y Letras. El ensayo y la historia son sus lecturas favoritas, especialmente libros sobre la Revolución francesa y la civilización romana. Viajar es otro de sus placeres en vacaciones, escasas, si tenemos en cuenta que, por su trabajo, le cuesta desconectar. Siempre está viendo programas, incluso el fin de semana: «Durante el día no tengo un momento libre. He escogido un oficio que no me permite apartarme un momento de lo que está sucediendo. Hay que estar atento».

Cuando le escuchan en *Julia en la Onda* o en *La Sexta*

Noche, ese tiempo es una mínima parte de todo el que necesita para seleccionar cortes y prepararlos.

Antes de la crítica televisiva hizo crítica teatral, en su juventud, «cuando ibas a los diarios y les vendías tus crónicas. Viajaba a festivales internacionales por toda Europa. Cambié a la televisión cuando entendí que el teatro había perdido influencia social».

De su experiencia televisiva, Monegal ha dejado dos libros: *Telefauna ibérica* y *Los pájaros de la tele*. Su canario Papitu se ha hecho popular en los medios de comunicación: considera que los pájaros (personajes televisivos) están en una jaula y han perdido la capacidad de volar.

Monegal, que tantas veces ha de hablar de personas aparentemente exitosas, tiene muy claro en qué consiste triunfar: «El famoso va de la mano del éxito social. Lo importante, sin embargo, es mirarte al espejo y no ver un canalla. Eso es el éxito».

A Clara Jiménez Cruz, periodista y cofundadora de *Maldita Hemeroteca*, el calificativo de «emprendedora» le viene como anillo al dedo si tenemos en cuenta que dejó el paraguas de La Sexta, donde transcurrió su primera etapa profesional en informativos y otros programas de la cadena, estando ya en *El Objetivo* de Ana Pastor con sección propia.

Su proyecto *Maldita Hemeroteca.es*, periodismo independiente y sin ánimo de lucro, quiere dotar a los ciudadanos de herramientas «para que no nos la cuelen». Todavía necesita de *crowdfunding*, colaboraciones con RNE y Onda Cero y algunas becas para llevar a cabo distintos proyectos, entre ellos uno internacional con la Universidad de Harvard. Pero las diez personas que trabajan en la iniciativa tienen lo fundamental: conocimientos y ganas de sacar adelante un revulsivo a las *fake news* desde el periodismo.

Actualmente Clara Jiménez Cruz es la única representante española en la International Fact-Checking Network (IFCN) y del Grupo de Alto Nivel sobre *fake news* y su desinformación, nombrado por la Comisión Europa en 2018.

La revista *Cosmopolitan* la ha incluido en la lista de las 50 *millennials* más influyentes de nuestro país, un ranking en el que suelen figurar cantantes y actrices, pero también científicas y empresarias.

El origen de *Maldita Hemeroteca*, como ocurre con otras magníficas iniciativas, tiene un punto de casual. Todo empezó en una cuenta de Twitter que gestionaba con su pareja, Julio Montes, con quien ha montado la fundación al 50 %, también en la toma de decisiones.

Julio trabajaba en *Al Rojo Vivo* y Clara en *El Objetivo*, «pero nadie sabía que éramos nosotros los que llevábamos la cuenta de Twitter. Funcionaba muy bien en redes y un día Ana Pastor preguntó en redacción quiénes eran los de la cuenta, porque quería llevarlos al programa. Tuvimos que confesar. Como la marca y el proyecto eran nuestros, primero se integró en una sección de *El Objetivo*, pero vimos que teníamos que crecer y hacernos independientes».

Desde entonces su vida se ha complicado: «Somos periodistas y he tenido que aprender de gestión, a poner precio a nuestro trabajo cuando colaboramos con otros medios, a coordinar el trabajo de todo el equipo, diez personas actualmente».

Despertarse a las seis y diez de la mañana no es ningún sacrificio para Clara Jiménez Cruz: «Cuando era más joven (ahora tiene treinta años), a las cinco ya saltaba de la cama». Aunque utiliza despertador sólo pone una alarma, porque Julio Montes, su pareja, pone el despertador a las seis y media, así que es difícil que se duerman.

Mientras Julio se marcha temprano al despacho, Clara se ha impuesto ir al gimnasio a las siete de la mañana. Entra a trabajar a las diez, pero no se marcha hasta las siete o las ocho de la tarde.

Por la noche, una alarma del móvil le recuerda a las once menos cuarto que ya es hora de pensar en ir a la cama.

Procura tomar alimentos sanos y eso le obliga a comer de táper.

Reconoce que su asignatura pendiente son los viajes de trabajo, que son muchos en esta primera etapa de *Maldita Hemeroteca*. No sólo es asesora en organizaciones internacionales, también se han propuesto acudir a foros en todo el país para visibilizar su plataforma: «Cambiar los horarios de sueño, comer y cenar pesado… Todo eso me descuadra».

Aunque ha leído soluciones al respecto, no se siente capaz de seguir los consejos de una ejecutiva norteamericana que recomienda resistir tanto viaje con ayuno. Sólo agua con azúcar. Entre otras cosas, «me parece un feo a los anfitriones».

Durante la semana tiene que tomar tantas decisiones que

el resto del tiempo intenta tomar las menos posibles. Por ejemplo, a la hora de vestirse o si hay que decidir adónde salir a cenar delega en Julio, o en quien comparta la cena con ellos.

Un amigo que ya ha conseguido vender varias *startups* le comentó que había leído que las personas podemos tomar siete decisiones lúcidas al día. A partir de ese número se pueden cometer errores. Como en *Maldita Hemeroteca* tienen que tomar tantas decisiones editoriales y todas tan rápidas, durante el fin de semana «me he descomplicado la vida».

El sábado es sagrado. El domingo por la tarde ya es imposible aplazar algunas tareas. Por ejemplo, tiene por costumbre responder a los e-mails pendientes. Comenzar la semana de cero es muy importante para esta periodista que tiene que compatibilizar la información con la gestión.

Como norma, prefiere responder por correo que por teléfono: «Hay que dejar las cosas por escrito. Para que consten, pero también para poder recuperar lo que dijiste en un momento determinado. Como recordatorio».

Los calendarios es otra de sus pesadillas en esta nueva etapa profesional. En la sede de *Maldita* tienen varios calendarios de seguridad: «Una pizarra en donde apuntamos a mano los viajes de todos, los días en los que no se puede contar con cada uno en la redacción. También hay un gran calendario anual de papel, que ha elaborado a mano la madre de una de las componentes de *Maldita*. Y luego está el de Google en el móvil de equipo y uno personal». A pesar de todo, Clara se fía más de un calendario de papel, donde apunta todo, y de su libreta para dejar ideas o historias. Con

Julio Montes comparte un chat en paralelo donde vuelca esas ideas que van surgiendo.

No cambiaría por nada la decisión de gestionar la fundación *Maldita Hemeroteca.es* y sus hijos *Maldito Bulo*, *Maldita Ciencia* y *Maldito Dato*, con los que monitorizan el discurso político y las informaciones que circulan por las redes, «pero el trabajo hay que repartirlo».

Reconoce que todavía no ha aprendido del todo a decir «no», aunque en este momento aceptarlo todo responde a una estrategia de aparecer en todas partes para darse a conocer: «Ahora todavía no toca ser selectivos». Sólo cuando coinciden dos citas hay que pensarlo. Pero han decidido que todo el equipo tiene que estar capacitado para dar las charlas de concienciación, por eso comparten la base en Google.doc con una presentación que todos pueden ofrecer.

Hay algo en lo que Clara es implacable, y es cuando quieren que sea ella, porque era la que salía en televisión, la que dé la charla: «Tenemos en el equipo gente tan valiosa como Nacho Calle, que formó parte del equipo que desveló la Lista Falciani y los Papeles de Panamá, por el que recibieron el Pulitzer de Periodismo de Investigación». Por eso se han impuesto que, sea quien sea el que dé la charla, siempre haya en la presentación imágenes de todo el equipo: «Si estamos verificando noticias, ya sean falsas o confirmando las verdaderas, todo el mundo tiene que conocer quién está detrás, y no exclusivamente a los cofundadores, Julio Montes y yo».

Julián Casanova, catedrático de Historia Contemporánea por la Universidad de Zaragoza, ha ampliado horizontes como profesor invitado en universidades de todo el mundo, entre ellas el Queen Mary College de Londres, Harvard, The New School for Social Research de Nueva York y la Centroeuropea de Budapest. Actualmente cumple un año como investigador en la Universidad de Princeton (New Jersey).

Nacido en Valdealgorfa, Teruel, considera un gran honor ser Hijo Adoptivo de Zaragoza desde el año 2007.

Asesor de publicaciones científicas y de películas históricas, en 2008 fue elegido miembro del grupo de expertos encargado de la búsqueda de las fosas comunes e identificación de víctimas, a propuesta de familiares de desaparecidos y de asociaciones para la recuperación de la Memoria Histórica.

Tiene más de una docena de libros que van desde el anarquismo español hasta la venganza de los siervos en Rusia, su última publicación de 2017.

En los horarios es disciplinado «en la forma de percibir el día. Soy consciente de que tengo un año para investigar en Princeton y es un privilegio. Tengo que aprovecharlo a tope para leer y escribir».

Nunca ha tenido horarios fijos, ni siquiera en Zaragoza, cuando era profesor en la universidad.

«Si tuviera cuarenta años tendría la necesidad de andar buscando contactos por los pasillos de Princeton para el currículum. Ahora (a los sesenta y dos) ya no tengo que hacerlo», comenta. Eso hace que su ritmo sea más relajado y por ese motivo no antepone el trabajo a una buena conversación. Cada día acude al comedor que la universidad tiene para el equipo de investigadores, que allí se considera alta cocina, con platos calientes... Pero lo más importante es que «en esos encuentros de almuerzo, aunque breves, puedo conversar con otros investigadores de distintos países que pueden ser matemáticos, neurocientíficos...».

Considera que tiene una alta capacidad para el trabajo y lo asocia con su infancia: «Mi padre siempre decía que su hijo, más que listo, era trabajador. En ese momento me fastidiaba... Yo quería que me reconociera la inteligencia, pero para él la ética del trabajo era lo primero». Por eso se la inculcó también a sus tres hermanos. Los cuatro estudiaron una carrera y recuerda que era una época en la que la generación de sus padres tenía la sensación de haber perdido mucho tiempo en una guerra.

«Desde pequeño me enseñaron a madrugar, primero en el internado; después, para tener tiempo continué practicándolo. Ahora me levanto a las siete de la mañana y duermo siete horas. No tengo necesidad de ir tarde a la cama.»

Contesta todos los e-mails, «en especial los que me remiten las familias de desaparecidos. Pero cuando el correo necesita empatía en la respuesta no lo hago inmediatamente, sino cuando el tiempo me permite hacerlo en condiciones». Aunque no suele posponer nada porque «si no te acostumbras».

Cuando trabajaba mucho, en sus tiempos de profesor en la universidad, escribiendo libros, artículos... no distinguía de fiestas: «Ahora no veo la necesidad de acumular estrés. Hago otras cosas, aquí en Estados Unidos aprovecho para viajar también».

Respecto a sus otros compromisos, dice: «Colaboro en RNE y en *El Gabinete* de JELO (*Julia en la Onda*). Si no fuera por eso, no estaría tan conectado con los temas de España».

No es amigo de series, y prefiere leer antes de dormir, aunque reconoce: «Soy más cinéfilo desde adolescente, pero ahora veo series como *CSI* para aprender *slang* (jerga coloquial en inglés)».

En deportes, la natación se la ha impuesto como una obligación: «Cuando tenía treinta y un años me operaron de una hernia discal y desde entonces practico la natación, esté donde esté. Es incómodo cambiarse de ropa, ir mojado…, pero lo considero necesario».

De los americanos valora que, a pesar de las discriminaciones, Estados Unidos es un cruce, hay diversidad, acentos… y han creado un concepto de sociedad civil que explica que, aun siendo una sociedad individualista, resulte tan solidaria. Si no, no funcionarían. Y confiesa: «Hago algo que no soportan en mi entorno americano: veo la cadena FOX para ponerme en la piel de los trumpistas».

También destaca como algo positivo que «ante la vida tienen menos normas que nosotros y no les importan los convencionalismos sociales. No les preocupan las etiquetas. Se les fomenta desde niños la autoestima y los estímulos».

Eso no quita para que opine que universidades como

Princeton o Harvard hasta hace poco eran muy clasistas, blancas y masculinas: «Aquí, de entrada, no eres nadie hasta que no demuestras lo que vales». Y aporta un dato que me sorprende: «Los asiáticos están muy bien considerados. Pero no sólo por la meritocracia, tan tópica en Estados Unidos. Es porque cada vez hay más familias de ese continente que pueden pagar los 70.000 dólares al año que cuesta la educación de sus hijos y eso rompe barreras».

El historiador dice que todavía está aprendiendo a decir «no», «aunque siempre tienes más cosas de las que te apetece hacer. Si dices "sí" a 10 y te han propuesto 50, seguro que alguna no querías hacerla. Lo que sí tengo claro es que si me proponen una conferencia para dentro de tres o cinco meses, visibilizo si me va a apetecer en esa época ir a Ucrania, por poner un ejemplo. Si no lo tengo claro, no acepto. Si he perdido alguna oportunidad, como ya ha pasado el tren, no echo la vista atrás. No me siento abrumado».

Juan Gómez-Jurado ha renunciado a algunos de los proyectos periodísticos que le impedían rendir al cien por cien para entregar una trilogía con plazo... *Reina Roja* es la primera novela de esta saga que tiene en perspectiva conseguir más de un millón de lectores. No obstante, sus anteriores libros han sido publicados en 40 países en diversos idiomas.

Muy activo en las redes sociales, en Twitter no es inhabitual que alimente la expectación sobre su último libro, incluso con imágenes de palés, estantes en los que se reponen nuevas ediciones o animando a sus incondicionales.

En cambio, cuando tiene que dar un empujón a su nueva creación, se refugia en la Hospedería del Valle de los Caídos con un teléfono prepago sin acceso a internet, para mantener el contacto con la familia y nada más: «No hay nada tan urgente que no pueda esperar un mes». No le acompleja en absoluto cómo puedan interpretar sus seguidores la elección de su refugio, por las connotaciones del lugar: «Es muy tranquilo, aquí no me molesta nadie».

Poco después de la conversación con Gómez-Jurado me puse a repasar qué escritores emblemáticos encontraron su cuartel general creativo en un hotel. Vladimir Nabokov, por ejemplo, llegó en 1961 al hotel Palace de Montreux, en Suiza, de la mano de Peter Ustinov, y se quedó dieciséis años, hasta su muerte. Con el dinero que le reportó su emblemática obra *Lolita* en el bolsillo, se instaló en la sexta planta, en la suite 65, con vistas al lago Lemán y los Alpes. Desde entonces es lugar de peregrinación para sus admiradores, adinerados, por supuesto. Allí se conserva todavía su escritorio con manchas de tinta en el cajón, la silla de trabajo, su taza, su cama...

Gómez-Jurado descubrió su refugio gracias al director de cine Javier Fesser y allí consigue pasar «de la fragmentación frenética a la concentración máxima». Pese a todo, confiesa no seguir un plan a rajatabla, pero sabe que en la hospedería tiene desayuno, comida y cena asegurados. Aunque siempre cuenta con quesitos y galletas por si algún día no se levanta para desayunar: «Hay días que he podido estar trabajando hasta las cuatro de la madrugada».

A pesar de su entrega a la escritura, se lleva sus pesas, corre y hace abdominales: «En estos retiros puedo estar trabajando hasta catorce horas, pero el cuerpo manda. La espalda se resiente cuando estás tantas horas escribiendo...».

No se identifica como procrastinador, aunque confiesa que *Reina Roja* la entregó con más de seis meses de retraso: «La culpa la tuvo Puigdemont», explica jocoso en alusión a la etapa posterior al 1-O, que periodísticamente le impedía abandonar su compromiso con la actualidad en la radio y con sus columnas de opinión.

«La inspiración no existe», afirma tajante. «Hay que sentarse a trabajar hasta que las cosas salen. Los cinco primeros días de arrancar son determinantes.»

Aunque haga jornadas maratonianas de escritura, «lo que no consiento es restarle tiempo a mi familia». Su mujer y sus hijos son esa línea roja que no traspasa. Una muestra de su dedicación familiar es la colección de libros juveniles de *Alex Colt*, que el escritor inició para satisfacer la petición de su hija de que quería un libro dedicado.

A sus libros los trata con tanto mimo que no escatima en podcasts, presentaciones y encuentros: «Me gusta ser proactivo. Con *Reina Roja* —en el momento de hablar— llevo 14 encuentros y 4.000 libros firmados. En las presentaciones disfrutas, pero son el peor enemigo de la escritura».

Cuando no está de retiro, por las noches suele ver una

peli con su mujer. También lee: «No tengo normas. Ensayo, thriller…, mientras sea bueno».

Reconoce que le gusta demasiado trabajar: «Hay tres cosas que me hacen concentrarme tanto como ponerme a escribir un libro: cuando estoy en casa, cocinar —la tortilla de patata es su plato favorito—; también pintar figuritas y los videojuegos, porque te tienes que concentrar exclusivamente en eso».

En cuanto a decir «no», comenta: «Digo que no porque sé que hay que hacerlo, pero va en contra de mi personalidad. Soy cariñoso, por eso mis amigos todos los días me recuerdan que no siempre se puede. Cuando te piden que vayas a firmar libros… Ahora ya he aprendido que no se puede decir a todo el mundo que sí, y declino educadamente. Pero con la editorial sí tengo pactado que, junto a las grandes ciudades, hay que meter en el itinerario otras más pequeñas y librerías independientes».

Para trabajar anota en una libreta, pero «fundamentalmente uso un programa que está en la nube. Utilizo el iPad y el iPhone para eso. Cuando estoy en la cola del súper y surge una idea para el libro utilizo las notas de voz».

Sus libros, que van desde la intriga histórica de *La leyenda del ladrón* hasta el thriller al más puro estilo norteamericano en *El paciente* o *Cicatriz*, y que tantas satisfacciones personales le han reportado, también han conseguido el reconocimiento público con el Premio Bibliotecas de la Comunidad de Madrid, la Mejor Primera Novela de la International Thriller Writers Association o el VII Premio Internacional de Novela Ciudad de Torrevieja en 2008.

13

Cómo decir «no» con gracia

> Nadie te puede hacer sentir mal sin tu consentimiento.
>
> ELEANOR ROOSEVELT

Si quieres ser un buen líder y conseguir tus objetivos es muy importante decir «no» de forma asertiva, pero respetando los sentimientos y las opiniones de los demás. Esta sentencia la firmarían la mayoría de los conferenciantes que intentan inculcar consejos motivacionales a ejecutivos. También está la versión más cáustica, la del financiero Warren Buffett, cuando aconseja decir «no» si eso implica perder dinero. Ésa es la regla número uno del empresario; la regla número dos es no olvidar nunca la número uno. A su juicio, perder tiempo, gastarlo sin ningún provecho personal, ya es perder dinero.

La mayoría de las personas no somos tan cerebrales, eso explicaría en parte por qué no nos resulta tan sencillo frustrar la aspiración del interlocutor. Conseguirlo sin dañar al otro no es imposible, se puede aprender.

Un pensamiento previo que deberíamos tener siempre en cuenta: «Detrás de cada elección hay una renuncia». Aunque no seamos conscientes, a lo largo del día decimos que no a muchas cosas. Por ejemplo, si te quedas trabajando hasta tarde estás diciendo «no» a tu familia y a tu tiempo de descanso.

Ni siquiera aquellos a los que calificamos de «buenas personas» responden siempre afirmativamente cuando se busca su ayuda. El psiquiatra Joan Corbella, en su libro *Vida cotidiana*, explica que una buena persona no es un tontorrón que acepta todo por satisfacer a los demás. La buena persona es la que, antes de tomar una decisión, valora si con ella también puede beneficiar a los demás. Piensa en los otros, pero no a costa de perjudicarse a sí mismo.

5 motivos que nos impiden decir «no»

1. Por evitar el conflicto. Tiendes a ceder si percibes que al negarte se va a generar una situación problemática para ti, especialmente en el ámbito laboral.
2. Por temor a perder oportunidades. Es inevitable pensar que en el futuro no te ofrezcan algo que sí podría interesarte.
3. Por no hacer sentir mal al otro. En realidad, por no sentirte culpable contigo mismo. Muchas veces pen-

samos que la otra persona se va a disgustar si nos negamos, pero no sabemos a ciencia cierta cómo se lo va a tomar. Es fácil dejarse guiar por los tópicos y visibilizar la pesadumbre del otro, que igual no es tal.

4. Por miedo a no ser aceptado. Cuando cedes lo haces por ti, por el temor a la exclusión.
5. Por sentir que no tienes derecho a negarte. Hay personas que dan por hecho que las necesidades de los demás son más importantes que las suyas propias. En cuanto les proponen algo, dejan lo que están haciendo para atender la nueva demanda.

Esas situaciones tienen mucho que ver con la gestión de la autoestima, por lo que es muy importante aprender sobre nosotros mismos antes de entrenarnos para decir «no».

5 preguntas que te pueden ayudar antes de decir «sí» o «no»

1. Lo que te piden, ¿es realmente lo que quieres hacer? Tus necesidades, tus deseos y tus intereses deben estar por encima de los deseos o las expectativas de los demás.
2. No es necesario responder inmediatamente. «Déjame pensarlo», «Tengo que ver la agenda»… Eso te ayudará a valorar con calma si lo que te están pidiendo es algo que quieres hacer o no.

3. ¿Tienes tiempo para hacer lo que te piden? A veces no se trata de que no queramos complacer a otros, es que nos va a restar tiempo para lo que queremos y necesitamos.
4. ¿Puedes aportar algo intermedio al «no» tajante? Piensa si hay una alternativa que puedas ofrecer.
5. Si la decisión es «no» deberías ser honesto y amable. Evita justificarte. Actúa con seguridad y no te sientas mal por decirlo.

Importante:

- Es mejor decir «no» con una sonrisa que con cara de culpa.
- Inventar excusas puede «ofender la inteligencia» del que ve rechazada su propuesta, que preferiría un «no» honesto.
- El «no» también incluye renunciar a reuniones que no aportan nada.
- No debe importarnos el qué dirán. Hay un egoísmo positivo cuando renuncias a un proyecto; preservas tu tiempo libre para hacer lo que más te gusta, y eso tiene que ver con dedicarle más tiempo a la familia y los amigos.

Si eres incapaz de decir «no», reflexiona sobre el comentario de Robin Sharma, uno de los mayores expertos en liderazgo y desarrollo personal: «Hay demasiadas personas que se esconden detrás de estar ocupadas, sin producir nada, para evitar enfrentarse a su miedo al éxito».

Un peligro relativamente frecuente es dejar de hacer algo importante por buscar la emoción de comenzar algo nuevo. Por eso, aunque decir «no» cuesta horrores, resulta más sencillo cuando tienes claro qué quieres, cuando tienes un porqué y sabes que hay muchas cosas que compensan más que la incomodidad de rechazar algo. Es de inteligentes saber administrar las fuerzas y no desgastarse en cosas que no aportan nada.

Puede parecer egoísta, pero las personas que buscan la excelencia cuidan mucho con quién se relacionan.

Cuando el «no» es para ti

La regla número uno cuando te expones al «no» de otro es distinguir muy bien «que lo que hago es diferente de lo que soy». Éste es el primer consejo del psicólogo José María Herrera, director del máster en Psicoterapia Individual y de Grupo y docente en varias universidades.

Confiesa que incluso alguien tan experimentado como él puede verse expuesto a una negativa y que en algún momento le tiemblen los cimientos del rechazo: «Lo peor que se puede hacer en esos casos es encapsularlo y apartarlo». Herrera recomienda reflexionar «desde dónde el otro no quiere aceptar y respetarlo. Aun así, la mejor opción es verbalizar cómo estás viviendo ese rechazo. Desde la aceptación, pero también cabe la posibilidad de intentar renegociar, según el tipo de demanda que has hecho».

Pone el ejemplo más habitual en su ámbito de trabajo: «Si le pido a un compañero que me cambie un curso. Si no acepta a la primera, puedo encajar el impacto o insistir en que es muy importante para mí, si realmente es así, sin miedo, pensando que tengo legítimo derecho, porque yo se lo he cambiado muchas veces antes».

Por su despacho en el Instituto de Interacción y Dinámica Personal de Barcelona es habitual que pasen profesionales que tienen que manejarse con situaciones similares: «En estos casos, lo primero, antes de medir la exposición, es trabajar la manera en la que están gestionando su vida. A veces no estamos haciendo lo que verdaderamente queremos». Él mismo confiesa que era economista y cambió su vida por la psicología: «La clave de todo este mecanismo tan complejo está en la coherencia. Cuando consigues verbalizar lo que quieres. Para eso siempre es bueno tener en el entorno alguien que empatice contigo y tu proyecto, alguien que te acepte incondicionalmente. Nos ayudará a aceptarnos, porque no siempre somos como queremos ser».

Es inevitable plantear el caso paradigmático de una mujer de éxito que hoy conocemos gracias a la perseverancia que mostró al presentar hasta en doce editoriales *Harry Potter y la piedra filosofal*, el primer libro de la saga. Dos años transcurrieron desde que estuvo listo hasta que finalmente la editorial Bloomsbury lo publicó en 1997. Aun así, tuvo que hacer una concesión con su nombre: en lugar de

Joanne, todos la conocemos como J. K. Rowling, porque los responsables de marketing consideraron que los lectores adolescentes no querrían leer una novela escrita por una mujer.

Para José María Herrera, la clave de su perseverancia está en la autoestima, pero también en saber distinguir que «no es a mí, sino mi proyecto lo que rechazan, y si me identifico plenamente con lo que estoy presentando puedo resistir la negativa».

La mayoría de las personas actuamos justo de manera contraria. El miedo al rechazo hace que nos atribuyamos el «no» y ya no nos exponemos a recibirlo.

José María Herrera añade: «Eso tiene mucho que ver con cómo he sido mirado desde la infancia. Qué etiqueta me impusieron. Frente a esto, la regla de oro es: "Acepto lo que soy, aunque no me guste, pero aunque todos tenemos límites puedo conseguir superarme"». Ese empoderamiento es posible «cuando soy consciente y puedo descubrir lo que es verdad y lo que no».

14
¿Se puede procrastinar y triunfar?

> La procrastinación es como una tarjeta de crédito: Lo pasas estupendo hasta que llega la cuenta.
>
> Christopher Parker

Los primeros cinco minutos son los más difíciles, pero ahí está la clave para romper el aplazamiento cuando existe tendencia a procrastinar, es decir, aplazar un proyecto, un hábito muy común entre personas que incluso se consideran trabajadoras. El término viene del latín *procrastinare*, aunque los españoles eso siempre lo hemos considerado «el vicio de dejar para mañana lo que puedes hacer hoy».

Podemos encontrar referencias a la mala costumbre de aplazar las cosas en sentencias de griegos y romanos y en escritos de todos los tiempos, incluso el catecismo católico recomienda «contra pereza, diligencia». *Procrastination*, la palabra anglosajona, es la que ha popularizado en nuestro país el concepto en los últimos años por el intercambio en redes sociales. Resulta más *cool* decir «procrastino» que «se me echa el tiempo encima».

En internet hay mil y un consejos para evitar esa situación, que puede llegar a provocarnos ansiedad y estrés emocional, y una sensación de culpa que se contrarresta con planificación. La mayoría de los consejos resultan muy válidos, porque son de sentido común.

Pero cuando procrastinar se convierte en un estilo de vida, difícilmente se puede llegar a ser bueno en ningún campo profesional, y este libro no va dirigido a esas personas. Los expertos dicen que darnos un respiro cuando la tensión es máxima puede ser una solución. Por eso proponemos unas pistas básicas que pueden ser útiles, sin culpas, pero con ganas de subsanar errores reiterados.

Ante todo, hay que tener en cuenta que la inseguridad o el perfeccionismo son los dos enemigos de cualquier emprendedor que se enfrenta a un reto.

Dudar de ti mismo te paraliza. Tener dudas sobre tu idea te obliga a buscar alternativas y a anticiparte a los riesgos.

6 reglas para superar los primeros momentos

1. Comienza por marcarte tareas que puedes asumir. Cuando el cerebro percibe que el objetivo es asumible, es mucho más fácil alcanzarlo.

2. Comparte con personas de confianza los plazos que te has fijado y explícales tu estrategia con claridad. Verbalizarlo te ayudará a llevarlo a cabo.
3. Pide ayuda cuando la necesites para alcanzar tus objetivos.
4. A corto plazo, evita distracciones más placenteras, como teleseries o chats que te aparten de tu tarea principal.
5. Señala en rojo el trabajo que vas cumpliendo. Eso te gratificará y te ayudará a seguir adelante.
6. Prémiate cuando cumplas metas intermedias.

Cuando el procrastinador es una persona cercana, lo último que necesita es un reproche. Con comprensión y ánimo se consigue mucho más. Un acompañamiento silente siempre es útil.

Echando mano de nuestro refranero, «Vísteme despacio, que llevo prisa» no es mal consejo, si pensamos en la tendencia inversa a la pereza. La hiperactividad productiva, el ponerse enseguida a resolver las tareas encomendadas, no siempre conduce a los resultados más óptimos. El procrastinador que es hábil en su terreno, en el tiempo en el que aplaza la tarea acostumbra a «macerar» sus ideas antes de ejecutarlas. El «precrastinador», que también los hay, sufre por ese impulso que le impide atender otras cuestiones hasta no haber completado su objetivo principal, y puede perder contenidos al acortar el tiempo de reflexión y oportunidades que se escapan de su punto de mira.

El monstruo del pánico

Vivimos en un tiempo de máxima recompensa con el mínimo esfuerzo y sobreestimamos nuestra productividad. Tim Urban, un bloguero con millones de seguidores, describe con maestría cómo funciona el cerebro de un procrastinador. Resultan muy ilustrativas sus explicaciones sobre la aparición del «monstruo del pánico» en una conferencia para el TED titulada «En la mente de un maestro procrastinador», en la que, en clave de humor, describe los síntomas con los que muchos podemos sentirnos identificados.*

Urban explica que en nuestro cerebro conviven un timonel que toma decisiones de forma racional y un mono que sólo se preocupa por la gratificación instantánea. A menudo hacemos caso al mono, porque lo que nos propone es fácil y divertido, y en lugar de ir avanzando poco a poco en ese trabajo que tenemos pendiente, perdemos el tiempo en Twitter o jugando por séptima vez al *Monkey Island 2*. La única forma de ponernos a trabajar es cuando entra en acción el monstruo del pánico, es decir, cuando tenemos la fecha de entrega encima. «Al final funciona», explica Urban.

Los peores efectos de la procrastinación se dan cuando no hay fechas límite. Es decir, cuando tenemos que dedicar tiempo a cosas que son importantes pero que nadie nos exige, «como ver a tu familia, hacer ejercicio y cuidar tu

* La puedes encontrar en: <https://www.ted.com/talks/tim_urban_inside_the_mind_of_a_master_procrastinator?language=es#t-831672>.

salud». Ahí no hay fechas concretas. Nadie nos va a pedir que rindamos cuentas, excepto nosotros mismos.

Según Urban, cuando dejamos este tipo de tareas para otro momento nos sentimos como espectadores de nuestras propias vidas. La frustración no se debe a que no hayamos podido alcanzar nuestros sueños, «sino a que no hemos podido ni comenzar a perseguirlos».

SE PERMITEN PROCRASTINAR PORQUE SON GENIOS. No lo intentes si tú no lo eres.

¿Inspiración o disciplina? No hay escritor que no se haga esta pregunta, a pesar de que no existen fórmulas mágicas para dar con el método ideal. Unos planifican con años de antelación, otros necesitan trabajar bajo presión y en otros casos se refugian en la estricta y escrupulosa rutina.

Francesco Piccolo, en su libro *Escribir es un tic*, cuenta anécdotas de los grandes maestros de la literatura.

De Charles Dickens y Alejandro Dumas asegura que escribían sus novelas en semanas e incluso en días. La explicación es que cobraban por palabras y sus folletines tenían periodicidad semanal, por eso su celeridad les garantizaba la asignación a final de mes. En el caso de Dumas, se conservan algunos manuscritos llenos de manchas de café.

La anécdota más reveladora la protagoniza Fiódor Dostoievski con su obra *El jugador*. En otoño de 1886 el escritor estaba endeudado a causa de su afición al juego, de todos conocida, por lo que su editor Fyodor Stellovsky, después de darle un sustancioso adelanto, le exigió en el contrato que firmaron que respondiera con los derechos de autor de todas sus obras si no cumplía el plazo. Procrastinador confeso, Dostoievski consiguió entregar la obra en una semana, con ayuda de su taquígrafa, Anna Grigórievna, con la que posteriormente se casó. También se dice que, en paralelo, ya estaba gestando *Crimen y castigo*.

Esa capacidad de concentración en parte podría explicarse, según descubrió la psicóloga Bliuma Zeigárnik, por el hecho de que se recuerdan mejor las tareas incompletas que las que, una vez acabadas, archivamos. Para la psicóloga, cuando se quedan en el limbo, permanecen activas en nuestra mente.

Cuenta Piccolo que hay métodos más drásticos para evitar procrastinar, como el que empleó Victor Hugo para entregar en plazo *El jorobado de Notre Dame*. Como faltaban unos meses y no tenía ganas de escribir, se desnudó y puso bajo llave sus ropas. Cubierto con un manto y sin posibilidad de salir así a la calle, consiguió terminar el libro varias semanas antes de lo previsto.

Fuera del ámbito de la literatura, a Mozart se le atribuye también esa capacidad para cumplir en el último momento. Václav Svoboda, el contrabajista de su orquesta, dio fe de esa circunstancia cuando aseguró que la obertura de la ópera *Don Giovanni* la terminó la noche anterior al estreno. Tanto apuró, que la orquesta recibió las partituras con la tinta aún húmeda. Una anécdota bastante creíble, si tenemos en cuenta que el genio tenía la habilidad de componer piezas en su cabeza sin necesidad de tocarlas.

El gran Leonardo Da Vinci, un genio en todo lo que se proponía, tenía el defecto de ser muy disperso. Su mente bullía de tal modo que los mecenas que le contrataban ponían plazos para que terminara sus trabajos. Todo se perdona cuando el resultado es la *Mona Lisa*, que tardó dieciséis años en concluir.

En el siglo XX, Steve Jobs y Bill Clinton fueron dos de los procrastinadores más famosos en un país en el que la diligencia es uno de los valores más apreciados. En el caso de Clinton, la revista *Time* reveló que los discursos que con tanto cuidado escribía su equipo en la Casa Blanca, no los leía y no los aprobaba hasta minutos antes de pronunciarlos.

Martin Luther King estuvo hasta las tres de la madrugada rehaciendo veinte veces el discurso que pasó a la historia por una frase que no figuraba en el texto original: «*I have a dream*».

Aaron Sorkin, uno de los guionistas más reputados de Hollywood, responde a quienes le acusan de no ser más diligente: «Ustedes lo llaman procrastinar, yo lo llamo pensar».

«Terminado» mejor que «perfecto»

En nuestro país, el caso más flagrante de procrastinación lo ha protagonizado el pintor Antonio López. Hasta 2014 no presentó el retrato de la familia real que le había encargado el rey emérito Juan Carlos I, veinte años antes. A algunos de los personajes tuvo que modificarles la cabeza hasta en tres ocasiones, así como variar la disposición de algunos de los miembros de la familia en función de su estatus en el momento de entregar la obra.

La aparente falta de diligencia no restó ni un ápice de prestigio al artista, pues se formaron colas de curiosos cuando finalmente permitió que su obra se mostrara en una exposición, mientras que en esas dos décadas pudo realizar otros encargos.

Su máxima: «Una obra nunca se acaba. Se llega al límite de las propias posibilidades».

En este sentido, la coach Arantza Uriarte plantea muy bien cómo gestionamos la mayoría de las personas los encargos recibidos. Aplicamos la Ley de Parkinson: «Un encargo se alarga tanto como dura el plazo o el presupuesto».

La ironía es un recurso que a menudo emplean los que se mueven entre la responsabilidad y la comodidad. A este grupo pertenecen los miembros del Club Internacional de Procrastinadores, que en su página de Facebook tienen como lema: «Los procrastinadores dominaremos el mundo de mañana. El de hoy no, porque ahora mismo no nos viene bien a ninguno».

Laura Rojas-Marcos es licenciada en Psicología por la Universidad de Nueva York. Experta en Planificación Estratégica, ha coordinado el programa «La vida es cambio. El cambio es vida», además de publicar numerosos libros.

Educada en Estados Unidos y en España, donde actualmente tiene una consulta en Madrid, su aportación es especialmente valiosa. Hija del psiquiatra Luis Rojas-Marcos, con el que también colabora en ocasiones, Laura ha sido muy generosa con su tiempo para responder a las siguientes preguntas sobre la procrastinación:

Esa tendencia tan española de dejar las cosas para después, procrastinar, ¿cuánto tiene de cultural y cuánto de carácter?

Lo cierto es que en mi experiencia profesional como psicóloga y en mi experiencia personal, al ser medio estadounidense y medio española, encuentro que la procrastinación no es tanto un hábito cultural como individual y personal. Es decir, una persona deja para después sus tareas y obligaciones a partir de los valores, hábitos y estrategias aprendidos desde la niñez. Si se crece en un entorno donde se enseña y se valora la importancia de gestionar bien el tiempo y las actividades del día a día, las personas se organizarán mejor y serán más productivas, eficientes y eficaces que aquellas que no lo han aprendido. La clave está en aprender estrategias útiles para saber llevar a cabo un plan de acción, así como tener la capacidad de tomar decisiones y comprometerse con el objetivo en cuestión. Independientemente de la motivación existente; hacer lo que se debe hacer, aunque no apetezca.

Por la experiencia de su consulta, ¿hay muchas personas preocupadas por esa tendencia a aplazar decisiones?

Sí. A menudo me encuentro con personas que son conscientes de que tienen dificultades organizativas y quieren mejorar, pero no saben cómo. Sienten que no han aprendido los recursos necesarios (en casa, en la escuela o la universidad) para saber cómo organizarse. Esto les produce ansiedad, incertidumbre e inseguridad, afectando con frecuencia a su estado de ánimo y a la confianza en ellos mismos.

¿Es muy difícil luchar contra ese hábito? ¿Un consejo para ellos?

No es tan difícil luchar contra ese hábito ya que la clave es aprender técnicas y estrategias. En estos casos siempre recomiendo leer sobre ello y pedir ayuda. Crear un plan de acción, ponerse manos a la obra y ser constante es lo que nos ayuda a crear un nuevo hábito. Y todo el mundo puede hacerlo, si se compromete de verdad.

A pesar de todo, ¿es posible triunfar en el mundo del arte cuando se tiene esa tendencia a procrastinar? Y en los negocios, ¿puede ser casi imposible?

Procrastinar puede ser un problema, pero no quiere decir que la tarea en cuestión no se lleve a cabo. Procrastinar es dejarlo para el final, para el último momento. El problema de esto es que las cosas a menudo se hacen mal, tienen un resultado mediocre, no da buena imagen de uno mismo y además se sufre mucho emocionalmente. A algunas personas les puede compensar… pero esto siempre es un indicador de su nivel de compromiso con la tarea, el proyecto y con las personas del equipo, si las hay.

No he escuchado a nadie reconociendo públicamente que procrastina. Pero sí tengo la consulta llena de hombres y mujeres que lo reconocen e identifican que les gustaría cambiar este hábito, dado que le da más problemas que soluciones. Además de que es una forma de vivir el día a día en un estado de estrés y angustia constantes.

15

Decálogo de buenas prácticas

> ¿Qué sería de la vida sin la oportunidad de tomar decisiones estúpidas?
>
> Doctor Gregory House
> en la serie *House*

Aprender de los errores y fijarnos en las costumbres de quienes han destacado por sus éxitos facilita el día a día. Y la gestión del tiempo es una de las claves para conseguir ser un referente en nuestra profesión. Así nos lo han explicado con distintas fórmulas las personas que han revelado en este libro sus hábitos cotidianos.

Para la psicóloga norteamericana Laura Vanderkam, autora del libro *Qué hace la gente exitosa antes del desayuno*, el tiempo es altamente elástico. Tienes que saber cuáles son tus prioridades para distribuir las 168 horas que tienes a la semana. Según su *planning*, deberíamos dedicar 40 horas a trabajar, 56 a dormir y las 72 restantes a otras cosas. Son esas «otras cosas» las que debemos aprender a priorizar.

En lo referente al sueño:

1. Mantén un horario fijo. Si tienes el hábito de levantarte y acostarte a la misma hora más o menos, cada vez te costará menos madrugar. La eficiencia del reloj biológico aumenta con la rutina.
2. Evita dormir más de la cuenta el fin de semana. Como mucho, dos horas más que los días de madrugón. La «deuda de sueño» no se recupera en un día y en cambio nos descentra.
3. La siesta puede ser beneficiosa, siempre que no supere la media hora.
4. Despiértate con sonidos que te motiven, que no resulten estridentes. Intenta adaptar tu cuerpo poco a poco. Los estiramientos suaves y los ejercicios de respiración ayudan.
5. Respeta tu ciclo circadiano. Aunque te estimule la idea de madrugar, si eres más búho que alondra optimiza tus resultados ajustándolos a un horario más razonable.

Recuerda que las tareas que exigen fuerza de voluntad es mejor realizarlas por la mañana (por ejemplo: las dietas se suelen romper por la tarde, no durante el desayuno o el almuerzo).

Otras propuestas:

6. ¿Se te escapa el tiempo como agua entre las manos? Haz listas. Como dice un proverbio chino: «La tinta más descolorida es mejor que el mejor recuerdo». Los dispositivos electrónicos tienen múltiples aplicaciones, pero a muchas personas escribir a mano les ayuda a pensar y sentir al mismo tiempo.
7. El ejercicio físico y la meditación estimulan las endorfinas, los neurotransmisores que nos hacen sentir bienestar y felicidad.
8. Lo complicado de empezar es saber por dónde. Focaliza tus objetivos y piensa que los cinco primeros minutos de cualquier tarea son los más difíciles, pero también los más decisivos.
9. Cada día tomamos multitud de decisiones sin ser conscientes de ello. Renunciar a algunas de las propuestas que nos plantean no es un acto de egoísmo, sino de responsabilidad con nosotros mismos y nuestra familia, a quienes también robamos tiempo. Un buen recurso que practican las personas de éxito es dividir las tareas por áreas: carrera profesional, relaciones personales y uno mismo. Eso no implica renunciar al voluntariado. Dedicar tiempo a los demás nos retroalimenta.
10. Puedes ganar más dinero, pero no puedes recuperar el tiempo. El dinero no se gana trabajando más horas, sino liberando tiempo para pensar en nuevas oportunidades.

¿Quieres saber si duermes adecuadamente...?

Realiza el «Test de los tres tiempos» creado por el Laboratorio de Cronobiología de la Universidad de Murcia.

Este cuestionario gratuito analiza los tres tipos de «relojes» que influyen en nuestro bienestar: el tiempo biológico, el tiempo social y el tiempo ambiental.

Si los tres tiempos se encuentran alineados, la persona estará coordinada con su reloj biológico. En caso contrario, se producirá una cronodisrupción que podría tener consecuencias negativas para la salud, entre ellas síndromes metabólicos, trastornos afectivos o envejecimiento prematuro, además de afectar al rendimiento profesional.

La prueba, utilizada como referencia por la Sociedad Española del Sueño, permite comprobar el grado de ajuste de los horarios de sueño, trabajo y actividad social.

Los tres tiempos son: el tiempo interno, el que marca nuestro reloj biológico; el tiempo social, el que nos imponen nuestras obligaciones laborales y sociales, y el tiempo ambiental, el determinado por la luz y la oscuridad generada por el ciclo solar.

Puedes acceder al «Test de los tres tiempos» en: <https://www.um.es/cronobiologia/taller-del-relojero/autoevaluacion/test-tres-tiempos/>.

Agradecimientos

A Carlos Martínez y Joan Riambau, por confiar en mí para este libro.

A mi hijo Jan, que me enseñó que sólo hay que gastar energía en lo importante para facilitar también la vida a los demás.

A Julia Otero, por permitirme formar parte del equipo de JELO. Y a mis compañeros, con los que comparto el día a día: Goyo Benítez, Eugenia Curto, Carmen Juan, Aneyma León, Marina Martínez, Joan Quintanilla, Eulàlia Rosa, Nuria Torreblanca y Guillem Zaragoza.

Por encima de todo, gracias a las personas que aparecen en estas páginas y que tan generosamente me han dedicado su tiempo para hablar de sus hábitos en lugar de decir «no» con gracia a mi petición. Sin ellas este libro no hubiera sido posible.

Bibliografía

Bacete, Ritxar, *Nuevos hombres buenos*, Barcelona, Península, Col. Atalaya, 2017.

Currey, Mason, *Rituales cotidianos. Cómo trabajan los artistas*, Madrid, Turner, 2014.

Dalio, Ray, *Principios*, Bilbao, Deusto, 2017.

Durán, Mario, *Así se hace un policía*, Madrid, La Esfera de los Libros, 2016.

Funes, Jaume, *Quiéreme cuando menos me lo merezca, porque es cuando más lo necesito*, Barcelona, Paidós, 2018.

Piccolo, Francesco, *Escribir es un tic*, Barcelona, Ariel, 2008.

Sandberg, Sheryl, *Vayamos adelante (Lean In)*, Barcelona, Conecta, 2013.

Tost, Gina, y Boira, Oriol, *Vida extra*, Barcelona, Grijalbo, 2015.

Umar, Ousman, *Viaje al país de los blancos*, Barcelona, Plaza & Janés, 2019.

Young, Valerie, *The secret thoughts of successful women*. Ed. D., 2011.

Wallace, Alan, *Mente en equilibrio*, Madrid, Rigden Institut Gestalt, 2011.

Descubre tu próxima lectura

Si quieres formar parte de nuestra comunidad,
regístrate en **libros.megustaleer.club**
y recibirás recomendaciones personalizadas

Penguin
Random House
Grupo Editorial

 megustaleer